THE ART OF ASKING
ASK BETTER QUESTIONS, GET BETTER ANSWERS

提问的艺术

沃顿商学院写给管理者的提问指南

[美] 特里·费德姆 (Terry J. Fadem) /著　闫宁 /译

人民邮电出版社

北京

图书在版编目（CIP）数据

提问的艺术：沃顿商学院写给管理者的提问指南 /
（美）费德姆（Fadem, T. J.）著；闫宁译. -- 北京：人
民邮电出版社，2016.3
ISBN 978-7-115-41767-1

Ⅰ. ①提… Ⅱ. ①费… ②闫… Ⅲ. ①企业管理
Ⅳ. ①F270

中国版本图书馆CIP数据核字(2016)第025813号

内 容 提 要

为什么有些人的提问永远那么恰到好处，而有些人却绞尽脑汁也想不出该问什么？作
为一名管理者，怎样提问才能获得最好的答案？如何通过提问驾驭管理工作，让项目步入
正轨？

沃顿商学院麦克技术创新中心核心成员特里·费德姆作为拥有25年管理经验的资深顾
问，在《提问的艺术：沃顿商学院写给管理者的提问指南》中告诉我们一个惊人的观点：
再优秀的提问者也会犯常识性的错误，经验丰富的管理者也会在提问时陷入泥潭。作者试
图启发各位管理者用全新的方式去思考"提问"这件事，不用纠结没能掌握所有的答案，
只需掌握能问的问题就够了！本书语言风趣，带有原汁原味的美式幽默，穿插作者毕生积
累的大量真实案例和感悟，让你轻松领悟实用的提问类型、提问策略，轻松学习"苏格拉
底"式批判提问法。

无论你是公司的管理者还是即将升入管理岗位的管理"新人"，抑或是对提问技能有
着迫切提升需求的专业人士，本书都是一本适合随时翻阅的实用提问手册。

◆ 著　　　　[美] 特里·费德姆（Terry J. Fadem）
　　译　　　　闫　宁
　　责任编辑　姜　珊
　　执行编辑　贾淑艳
　　责任印制　焦志炜
◆ 人民邮电出版社出版发行　　北京市丰台区成寿寺路 11 号
　　邮编 100164　　电子邮件 315@ptpress.com.cn
　　网址 https://www.ptpress.com.cn
　　涿州市般润文化传播有限公司印刷
◆ 开本：700×1000　1/16
　　印张：16.5　　　　　　　　　2016 年 3 月第 1 版
　　字数：150 千字　　　　　　　2025 年 8 月河北第 41 次印刷
　　著作权合同登记号　图字：01-2014-8384 号

定　价：49.00 元
读者服务热线：（010）81055656　印装质量热线：（010）81055316
反盗版热线：（010）81055315

关于本书的赞誉

特里在"如何提问"这个话题上有深刻的见解，这使得本书富有实用价值。他在书中用精彩幽默的实例和小故事恰到好处地表达了自己的观点，为读者提供了可以马上应用的好问题和提问的好办法。对于每个希望企业和事业得到发展的人来说，这本书都值得一读。

——盖里·尼尔（Garry A. Neil）

强生公司（Johnson & Johnson）总经理兼副总裁

提出问题、倾听解释、理解并回答以及基于事实采取行动，是企业组织管理过程中的核心要义。为什么很多事情不能按照预期的方向发展？这本书让我强化了对这个问题的理解。它的确是一本指导日常管理的实用手册。无论哪个领域的管理人员都可以将这本书纳入管理能力训练的核心课程。

——普拉迪普·班纳吉（Pradip Banerjee）

哲学博士、艾克西宾（Xybion）电子系统公司

总裁兼 CEO、埃森哲公司（Accenture）前股东

这是一本别具一格、非常难得的书，它会指导你如何在恰当的时间提出恰当的问题，也会教你如何使用富有远见的提问来培养自己的领导力。正如现代管理学之父彼得·德鲁克所言："过去的领导者擅长如何回答，而未来的领导者精通如何提问。"

——乔治·达伊（George Day）

沃顿商学院市场营销学教授

本书提供的内容框架和实用技巧可以为决策者提供出众的灵感，通过"苏格拉底"式提问学习法，帮助他们有效地获取更好的信息，提高整个团队的分析技能。

——德瑞·海瑟（Terry Hisey）

德勤（Deloitte）全球副总裁、美国生命科学分部（Life Sciences）负责人

这是一本能让你轻松阅读的书！特里分享了自己以前在企业中积累的经验，用简明的文字阐释如何通过更好的提问提高成功的概率。读后真的感觉物有所值！

——马克·霍普金斯（Mark Hopkins）

企业家、小企业主

目 录

contents

第七章　提问技能的应用 //151

开篇故事

公司里的"世纪大审判"

"小老板"的"大审判"

"颤抖吧！

他在一张办公桌后面，神情冷峻，正襟危坐，跟所有高级别的领导没什么两样，手握长叉，准备对其下属实施冷酷无情的折磨和惩罚……"

好吧，有一点夸张了，但是很多人都会这样描述他们这位"大老板"。说说"大老板"手中的那把长叉吧，它有个长长的黑柄，柄的尾端有个红色的三叉戟，真的是"恶魔必备神器"。假如有个穿着万圣节服饰的孩子拿着这种长叉，古灵精怪倒也挺搭配，但是被握在一位一身蓝色商务正装的男士——这个已然步入中年的"大老板"手中时，显然是用错了地方。不过，接下来你会发现，这位经理在工作上的步调也乱了套。

在一家拥有全球采购链的大型电子企业里进行业务拓展，对于任何人来说都是一份极其艰巨的工作。这份工作要求业务拓展经理具有前瞻意识，能够为公司预测到市场主流的发展趋势，甚至能够决定本部门的未来发展方向。当这位"稀客"踏入拥有公司最要害部门的这家工厂时，大家像迎接禽流感一样，迎接他的到来。

他此行来质询的这个产品项目正被一堆问题所困扰着：市场部门声讨研发部门，说产品设计根本不能满足客户需求；为满足市场需求而重新做的设计增加了产品成本，使产品在目标市场没了价格竞争力，这让销售部门很恼火；各方将矛头又指向制造部门，因为不管选定什么设计方案，厂子里没一个人敢对制造出来的产品质量打包票。更不幸的是，项目进度滞后，费用投入超支，如何弥补研发费用，已经成了管理工作的重点之一。

"大老板"面前的这张桌子，被放置在 30 厘米高的水泥台子上。它像个实实在在的屏障，把他同项目团队隔开，也将他同所有其他琐事隔开。说实话，他挺需要这张桌子，据说这帮"奇葩"员工面对异己会乱扔椅子，所以谁也说不准他们会把什么东西扔向他。虽然水泥高台起初是用来保持火药材料干燥的，但它现在成了一个"审判台"，坐在上面的经理试图让自己充当审判官的角色。他来这儿视察团队，但这个团队没有生产产品，他们生产的是无休无止的岔子和难题。

大伙儿召开这次会议，是为了找到解决方案，帮研发团队走出既有困境，从而让生产按计划进行，让销售部门顺利接单。但实际状况是：这位"大老板"在主持一场"世纪大审判"！他确信自己是知晓事情真相的，但只不过就想要……问出这些问题。所以，手持"恶魔神器"的他，将叉头指向这些"牺牲品"，开始质询，看样子得把每个负责人都插在那三叉戟上才会罢休。

他指向了工程部主管。

审判官：那堆板子你没法用，说说是怎么一回事？这是谁设计的方案？那些样品又是谁搞出来的？

他停下来，喘了口气。没人敢接话。

　　审判官：你们这些人有毛病吗？谁能给我个解释？

　　鸦雀无声的气氛持续着。他的盛气凌人让大家无言以对。不过，一个因为迟到刚进门的工程师接受了这次口头挑战。他是富有天赋的设计师——王大厄工程师。

　　审判官：这个项目目前已经延期六个月了，所有产品部件都不能在当初预期的成本之下生产出来。现在的产品样品最终成本到底是多少？

　　王工程师：大概是一开始预算成本的四倍！

　　就跟王大厄工程师的大名一样，他真的很善于传达坏消息。他貌似很乐意把他所知道的那些凄惨的事实一一透露给经理们。如果是超乎管理层预期的极坏的消息，他似乎还会特别地欣慰。的确，他刚说的这些，是极其坏的坏消息。

　　审判官：我们浪费掉了大把的时间，现在你过来就让我知道产品价格优势没戏了？你们觉得说这个有意义吗？谁能给我个解释！

　　他指向了房间里一名市场部门的负责人。

　　审判官：你们这些人就是有毛病，是吧？你们到底是怎么搞的？

　　即便语气粗暴不合常理，这位"审判官"在公司里也就是一个"小喽啰"般的"审判员"。他训斥着等级较低的负责人，但是其实也不能随便开除员工，没什么权力砸了人家的饭碗。这个公司有充足的储备"审判官"正接受着培训。

这位"小喽啰老板"的上级是公司总经理，人家才是名副其实的"大审判官"。总经理对于质询工作非常在行，在年终总结会上，迫于他的强大压力，很多人主动选择了离职。他从不给员工施加什么"严刑峻法"，因为他是以当场炒鱿鱼而"名扬天下"的。

如果你在一家企业或某个组织工作够久的话，可能也会参加或亲历一两个这样的质询会。我目睹过一些类似的会议，觉得大部分的质询会都没什么召开的必要。虽然让人欣慰的是，这种会议不太常开，但确实还是会开的。这些会议就是管理者在日常工作中使用不恰当提问和错误用词的集中体现。但他们为什么会提不出适当的问题呢？有一个原因应该是，他们采用的手段往往是从前辈、榜样那里模仿过来的。

假如带学徒的师父们或资深经理们深谙提问的艺术，恰好这些人本身事业也比较成功的话，他们重点培养的接班人就会传承这些技能。但是，像刚才讨论的那个案例，那位经理的提问技能其实很差，但如果企业当时在这样的领导下还能扶摇直上，情况就不妙了。因为不好的沟通习惯会被继承下来。仅仅因为看到事业成功的企业家是这么做的，人们就误以为欺凌、恐吓还有折磨能让企业走向成功。如果没有别的精神导师可以膜拜，一直到经营失败的那一刻，他们也不会有什么拿得出手的管理经验，能引领事业进一步发展。

在接下来的几章中，我们也将会提到，将"提问"这门艺术运用得炉火纯青，即使在成功的管理者（甚至包括掌握了优秀提问技能的人）当中，也没那么容易做到。这不是什么幸事啊！

管理者会针对各种细节进行提问。为了方便讨论，我将管理者提问题的原因归结为三个大类：

1. 因为答案很重要，所以提问题；
2. 因为问题很重要，所以提问题；
3. 因为提问过程很重要，所以提问题。

第一大类，答案比问题重要，因此要按照内心真正想问的去设置问题。管理者可能想知道某个新想法，或者，像前面讨论的案例一样，被质询的议题可能是"在哪个环节出了问题"（即使那个恶魔似的"大老板"对答案本身不是真的感兴趣）。在有效地进行提问之外，管理者还需要具备倾听的技巧。

第二大类，问题比答案重要。管理者可能希望在评估项目前，先有一个清晰的逻辑框架，或者基于其他考虑，提出的问题只是作为强调某种情况的辅助工具。一些问题可能无法回答，但设计这些问题是为了促进交流讨论，不是为了得到答案。在教学实践中，这种情况很普遍，老师提出的问题可以帮助同学们反思问题，提高分析能力。

前文案例中的产品经理实际上也没有在意去问什么问题。对他来说，提问的过程——也就是以审判官身份"审讯"的过程，是最重要的一环。因此，提问时体现的举止和态度才是他最关心的。他对下属无情拷问，故意让他们脸红难堪，让他们明白，他对听到的答案极度蔑视。当然，在一些宽松的氛围中，管理者也会通过设置提问这个过程，指导、激发团队和个人去尝试提出解决问题的新思路。教授和咨询顾问就常常会在他们问问题时，扮演这种指引性的角色。

有时候，提问的过程能够帮助团队产生新的观点，所以关注过程的提问不必非得搞成严肃的质询会。

然而对大多数管理者来说，他们关注问题，同样也关注答案。同时，提问的这个过程，也从侧面反映每次问答的效果。本书的写作目的就是强调"问好问题"和"重视提问过程"的双重必要性，只有这样，才能获得更好的答案、更完美的沟通效果，才能最终满足企业长远发展的需要。

开篇讲到的那个"恶魔"产品经理最终心满意足，达到了自己的目的。延期数月后，研发团队终于使质量可靠的产品顺利投产。虽然有一年多的超期、大笔的超支，但事情总算结束了，大家停止争吵，一起完成了这个任务。项目团队的成员们都有了新的使命，也有人在其他岗位开始了新的征程。

还是这位产品经理，在若干年后的一天，他同"大审判官"——公司的总经理会面报告项目情况时，我恰好在场。

这位产品经理的团队表现得很不理想。判断失误、预测失准，使得他们的业绩在整整两年时间内都糟糕透顶。因为新品发布的延期，大家士气低落，这种局面一直在延续，看不到尽头。在总经理咄咄逼人的质询下，这位产品经理炒了自己的鱿鱼。

大审判官：先不提那些数字，你先说说对形势的分析吧。事情发展到这个地步，才想到要解决，我就纳闷了，你早干什么去了？

产品经理：汇率波动让整个欧洲的企业利润缩减；由于环境问题，我们在亚洲的工厂成本骤增；市场前景预测过高，销售团队完不成预期目标。

大审判官：就这些？应付我吗？没别的了？

> **产品经理**：嗯。如果您觉得我分析得不够好，您可以……另请高明。
>
> **大审判官**：（挑衅的语气）好啊！我会的。

接着，总经理变本加厉，将手中那把"恶魔神器"刺向产品经理内心的更深处。他冷笑着，试图击碎对方仅有的那点自尊心。

> **大审判官**：不过呢，虽然你表现很差劲，但是我觉得你找的借口会很不错。很想听听看啊！

产品经理脸"刷"地红了，大口喘着粗气。他极其气愤，忍无可忍，大步走了出去，然后，立刻宣布辞职。

这个部门最后没能继续保留下去，被母公司转让了。因为引进了不同的管理模式，这个部门目前运行良好。我跟那个"小喽啰审判官"失去了联系。但那个"大审判官"在另外一家企业做 CEO，变得更爱欺压下属经理。他所在的那家公司，更多的产品经理被迫辞职，最后公司给了他一笔高额补偿，让他走人。他在领导生涯中几乎没什么可圈可点之处。有一个关于他的无证可查的传说，说的是他如何 MBA 一毕业，就用深谋远虑拯救了一家企业。但关于这段历史，我找不到哪怕一个目击证人。他似乎总会在某企业因前任

> 提高一名管理者的提问能力，并不能保证企业一定会成功，然而，这对于改善经营管理肯定大有裨益。如果前面案例中提到的经理们面对下属员工，能够提出更恰当的问题，那么他们的表现会更令人满意。这本书可以为处在各个层级的管理者开启一扇机遇之门，让他们能够提高管理工作中最为基础的一项能力，那就是：问问题！

管理不善而濒临倒闭时突然出现，用折磨人的质询会给人留下深刻印象，然后，在公司破产前火速离开。直到现在，我也不明白为什么他不好好反省一下自己多年以来的不佳表现，更别提他已经被毁的事业了。领导者缺乏反思和责任感，是商业管理糟糕的一面，很多行业都存在这种现象。

引言

提问是一项核心管理技能

1. 管理过程中有没有一套基本的问题

答案是：有。

所有管理者，无论在何种组织，位于何种级别，处在何种情境，住在世界上的哪个角落，操何种语言，都可以使用一套基本问题。对于每一位管理者来说，欲善"专业化管理"之事，就应该先利"基本管理问题"之器。大多数能工巧匠，在动工过程中都离不开一套基本的辅助用具，就像斧头之于木匠，口腔探针之于牙医，以及听诊器之于内科大夫。很难想象在特定领域工作的人们，只凭赤手空拳就能干出漂亮活儿。同样的道理，管理者也要靠一套问题，以之作为工具，辅助日常工作。无论在哪个位置和层级从事管理工作，提出问题永远都是看起来特别简单做起来却难上加难的事情。

我们周围有些人会深谙此道。他们问的问题好像永远恰到好处。还有些人可能不太擅长提问，提问题时常常打探不出个所以然来，或者得到的答案与工作需要无关。其实,即便是优秀的提问者也会犯一些常识性的错误。因此,我们的管理同行们都有提高提问技巧的迫切需要。在我们开始讨论常见提问谬误的细节之前,我准备了一个管理者提问的基本词句导览。

假如你只是想要基本问题,下面这个简单疑问句列表就够了。提问技巧固然不只是使用疑问词、疑问句这么简单,但是这些词句已经能够覆盖到整个管理工作的每次提问了。

基本问题列表

可以随时随地应用的词句:

何事?

何地?

何时?

何因?

何人?

何种途径?

何种价格?

假如……会怎样?[①]

这些问题可以在各种场合通用。如果你工作的情境要求你提出问题,或者你想看看该问的问题是不是都问到了,那么扫一眼这个列表就可以了。当你需要快速做出决策时,这个列表也能充当检查清单。针对你所处的实际情境,想一下上面这些疑问词句中有哪些还没能很好地阐述出来。你可以把它

---

① 假如牛长出翅膀会怎样?用"假如"来做的提问,是列表中唯一一个可以让管理者跳出他们惯常的角色模式的问题,因为不拘泥于日常的管理法则,这种问题可以鼓励人们用独特的方式去思考。

们挑出来，作为附加议题补充讨论。

在主持讨论的时候，每当我想确认自己是否已经将议题的各个角度考虑周全，就会用到这个列表，这是个非常简便的方法。当然，你也可以根据你期望完成的重点工作，增补其他的词句。例如"哪个""是""能够""将会""应该"等日常用词，加上它们就能变成另一组问题列表。

一个组织的成功取决于旗下所有管理人员的成功，不单单是位高权重的大老板们。关注提问成效，就是关注管理成效，这关系到整个管理团队的效能建设。

提问能力可能是影响成功的众多因素之一，问题高超也不意味着一定就能为你带来成功。但是，当你用心提高提问技能的时候，这项基本的管理技能定会带给你更完美的事业成果。

那些耳熟能详的商业灾难，是否已经随着问题表达方式的改良而得到有效避免了呢？"更好地提出问题"这一理念，是否越来越被包括企业管理层在内的人所接受，并被越来越多地应用了呢？我们无从得知。然而可以预见，通过更多项目经理的努力，更好地提问，毫无疑问会减少未来的商业风险，提高成功的概率。

除了选择上面的那些两字词语组成的问题列表之外，你也可以把改善提问当作一种技能来培养。无论通过哪种方式，本书的写作目的都是希望启发各位管理者用全新的方式去思考"提问"这件事。作为基本问题列表的有益补充，你可以阅读以下提升提问技能的相关注意事项。

以下这十条定律，可以让你在交流过程中的表达更加清晰明了。

提问的十条基本定律

1. 开门见山。

2. 提问时注意眼神交流。

3. 使用简单的词汇。

4. 使用简单的句式。

5. 简明扼要。

6. 提问焦点集中在手头要务上。

7. 明确提问目的。

8. 提问要合时宜，问对人。

9. 提问举止能够反映提问内容。

10. 知道如何针对回答采取下一步行动。

2. 提问是高效管理必备的技能

管理者需要的不仅仅是答案，毕竟借助手边的各种电子通信工具可以很方便地搜集各种问题的答案。他们更需要通过一系列问题，来引导经营迈入成功殿堂。

因此，管理工作的实质，是通过对"何人""何事""何地""何时"以及"何种途径"的探索，来帮你确定在经营过程中到底需要了解哪些东西。为了有效地解决问题，为了抓住机遇，为了达成目标，管理者应该提出问题来——毕竟他们要为企业的整体运作负责。

在商务场合中提出的所有问题都要基于组织期望这个大前提。这个大前提是达成任何成就的基础。任何公司商议事项都在这个基础上进行。我还没见过哪个企业的存在不是为了追求某种成就的，当然，到底追求什么样的成就，需要它们再做出一个界定。

期待达成成就的这个前提，决定了商务人士进行沉浸式思考的范围。成就的类型是由部门特点（例如是销售部门还是研发部门）、市场特性等来专门界定的，但是，这个范围的边界为问题的提出提供了一个框架——无论是在每个特定的问题中，还是在某些时候需要做出的"审判"中。

如何获得成就

问题＋回答＝成就

如果用线性模型的角度去认识提问，那么基于我们的讨论，提问的过程可以看成是线性的。所有脑洞大开的发散性和创新性的思维，以及所有在提问过程当中人们选择使用的其他方式，都是沿着"从问题到答案，再从答案到结果"这个路径慢慢展开的。

基于此，提问的过程具备以下八个核心步骤。

1. 我们已经了解了哪些？

2. 我们还未了解哪些？

3. 我们设定的目标是什么？

4. 为实现目标我们现在需要了解什么？

5. 我们向谁了解这些？

6. 我们以何种方式了解这些？

7. 根据所了解的情况能预测出什么样的结果？

8. 依照预测出的结果我们作出怎样的反应？

顺着这些核心步骤，提问得以不断推进。如果针对实际可能的需求，想要细化提问的某一环节，还可以添加一些步骤，使这个模型更为完善。但无论如何，我们的焦点始终要保持简单明确，始终要为我们追求的"成就"点题。既然我们很想获得"成就"，那么就多问些问题吧！如果工作中需要一个全新的业务模式，那就从编织一系列的新愿景开始。

3. 你的技能行不行

脑力劳动者或者所谓的非生产者的数量，需在劳动者（即实际工作的人）中占据尽可能小的比例……

——弗里德里克·温斯罗·泰勒（Fredrick Winslow Taylor）[1]，现代管理之父

"脑力劳动者"一词是科学管理理论建立初期的概念，由弗里德里克·温斯罗·泰勒首先提出。泰勒的理论为20世纪管理学的"现代"流派奠定了基础。随着时代巨变，脑力劳动者已然成为当今世界经营活动中的生产者了。

在过去，管理者通常兼具理论知识、实战经验和实用技巧，以应对日常经营中的相关任务。他们既可以做老板，又可以像员工一样工作。而这种能

---

[1] 泰勒研究了铁锹，并且研究了使用铁锹的工人。他在研究结论中提到，长得高的工人要用大铁锹，长得矮的工人要用小铁锹。这个结论本身跟管理无关，属于对显而易见的事情所做的观察和解释。与管理科学有关的部分则基于他更深入的结论。他指出，较矮的工人使用足够小的铁锹，才能让自己的工作效率足够高，单位时间内的挖土量才能赶得上高个子工人使用大铁锹时的挖土量。因此，管理者的使命就是将适当大小的铁锹同适当身高的工人相匹配。这个假说是现代管理思想的基础。泰勒也因此被美国国会誉为天才。

力则是企业所有者考量员工能否晋升的主要因素。不过，现代企业的多重需求使得这种情形有所改变。

如今的企业运营需要繁杂的知识，假如没有专业化员工的协助，管理者作为一个个体，不可能对企业运作所需的各个方面的细节都了如指掌。那么，为了企业的持续发展，总管全局的管理者们该如何作为？他们有必要知道如何提问。

你的提问技术高不高

当我受邀在世界各地做商务旅行（本章稍后会提到那段难忘的日子）时，我注意到，很多管理者问了相似的问题，却很意外地问出了截然不同的结果。提问的方式似乎跟问题本身一样重要。我四处搜罗关于如何提问的书籍，想用它们作为自我训练的指导手册，我发现，这些书籍资料大致分为两类：专业领域训练手册（例如针对律师、教师及市场研究员的），还有提升个人能力的自学手册（例如提升采访技巧，或者改善一个人的思维过程）。这些都是很不错的阅读材料，后文中也有对其中一些的引用。尽管如此，我还是没能找到符合我的标准的书籍，我想找的是一本基本技能手册。

在开始对"问题"进行研究的时候，我起初假定自己不懂关于"问题"的任何知识。因为找不到自己想要的资料，所以我写了这本可供个人参考的手册。

本着对提问一无所知的心态开始研究提问以后，我开始从不同的一面重新看"问题"。我发现，即使经验丰富的成功管理者也会在提问时偶尔陷入泥潭。他们掉进了一个又一个陷阱，如习惯性提问、言不由衷、诱导式提问等。其他的管理者，特别是管理岗位的新人，会犯一系列的错误，比如提出带偏见的问题，或者根据自己的兴趣，从复杂问题当中选一些不重要甚至是细枝末节的问题。在个人职业生涯的早期弥补这些错误，可以帮助其在今后有更好的个人表现。而当弥补了这些错误之后，整个企业的表现也会得到更大的提升。

各位要清醒地认识到，因为想要更好的答案，我们需要更好的问题。在某种程度上，像安然（Enron）这样的公司，需要有人出面对其进行严格质询——并且使用"大审判官"的问题。投资方需要有人对环球电讯公司（Global Crossing）或者其他出现腐败丑闻的公司进行严肃提问。通过商业质询和提问扫清不良行为，并不是政府部门的职责，而是管理者的责任。管理者是一个泛泛的称谓，它包括从生产线主任到董事会成员在内，处于权威地位、需要履行责任的任何人。

如果生活和事业受到阻碍，那么不是由于问题本身，而是由于缺乏问题。作为管理者，我们有时不知道该怎么问、问什么，有时因为多种原因问不出这些问题。有时候我们会避免提出某些问题，因为我们感觉如果问出来有可能影响工作、地位，或是让人感到尴尬，或者我们仅仅是想看起来礼貌些。

> 在获得答案前，管理者需要提问。

如果各个层级的领导们能够用有效的提问技巧来武装自己，多留心更适合企业或组织的方式，那么那些灾难和风险就会减少，在一些案例中出现的意外状况甚至可以完全避免。

4. 你问得太多了

不得不说一下提问的另一个极端结果，那就是你有可能问太多的问题，这包括：没选对提问时机，完全没搞清你所面临的情况，或者，就像下面案例中的情况一样，仅仅是提问这一举动，都可能导致你丢掉饭碗。

在一家大型公司①有这样一个新成立的分支机构，他们要按照上级指示把一款新产品推向市场。类似的工作在母公司已经做过很多次，理论上来说不会出什么差错。但唯有这一次，问题来了却迟迟没有得到解决。简单地说，问题出在产品本身，它根本启动不了。但是似乎没有人察觉到这个问题，于是导致眼下的形势如此糟糕。

面对利润如此巨大、潜在收益如此丰厚的创新产品，管理层是不是会被幸福冲昏了头脑？也许是因为急于在竞争对手成长之前把产品投向市场，才会出现这种严重的纰漏。那么研发、制造以及公司的其他部门有没有发现和弥补这个错误呢？

这种情况持续着，直到距离产品发布会的计划开幕时间还有一个星期左右。

管理层仍然没有任何一个人察觉到问题。所有员工都在关注和幻想预期

---

① 故事中提到的公司是一家制药公司，故事发生时它已被两次易主。

收益——收益直线增长，销售形势一片大好。预期中的这款全新产品不仅利润丰厚，而且几乎没有什么竞争性的同类产品能与之分庭抗礼。这样的好机会真的非常难得，不可能天天出现，所以整个管理层都把目光焦点放在这款产品上，期待团队创造奇迹。

产品问题第一次若隐若现地出现在一次产品团队会议上。当时有六七个人聚在总部的一间小会议室里。他们在会上有点漫不经心地回顾着新产品的各个方面，包括技术创新性、制造工艺、市场分析、销售策略、售后服务体系，等等。这款产品的开发过程被大伙儿描述得完美而又顺利。

在每位与会者面前，都摆放着关于产品全部相关信息的完整报告。这份报告"体量"庞大，它包含市场营销计划、制造组装记录、技术服务计划、全球配送计划等，附录还用很大篇幅收录了完整的质量监控测试数据。

制造部门为应对开售后的全球大量需求，加足马力扩充存货；销售团队已经在为产品的顺利售出抓紧演练；广告市场部已经将用于宣传的资料用 12 种不同语言发往世界各地；所有的配送计划在准备过程中反复地检查再检查……这是公司标准化流程的集中体现。

这次是产品经理（PM）第一回主持类似会议，她感觉所有工作都进展得不错，一切都在掌握之中。她渴望着这款产品的成功，期待着这一事件为她的职业生涯添上浓墨重彩的一笔。确实，这款产品有着所有产品经理梦寐以求的特性：市场需求巨大、竞争性产品较少、预期收益丰厚、整体成本低廉，还有一个经验丰富的支持团队，帮助她攻克可能出现的一个又一个难点。直到此刻，一切看起来都非常完美。

她的团队里面，大多数人都是老手：制造总监和技术经理都有超过 20 年的经验了；质量监控经理是专业的质检工程师（QE），他参与过十几次产品发布的准备工作。还有一个新入职的技术支持人员也在团队中，他负责技术服务方面的事务，将会在消费者购买产品后做些客户服务工作。这位新人结束了一个月的入职培训之后，来这里上班刚满一个星期。

根据公司规定，产品团队的全部成员都要在一张《产品发布申请表》上签字，新产品才可以上市。甚至这名新入职员工也要签字，因为公司相关政策规定他也被看作团队的一员，与参与产品讨论和发布的其他团队成员承担相同的责任。不管怎么说，他还要在产品到达客户手中之后，负责产品支持工作，所以在整个流程当中，他的角色也很重要。

在讨论了一些关于质量监控的测试数据之后，这位新人张口问了一些问题。

新人：（打断会议，问了一个既显而易见又有点白痴的问题）我发现最终测试表里的所有数据，都在产品发布可允许的数值区间范围内。不知道我解读得对不对？

技术经理：既然你在学校学过，不应该不知道对不对吧？（然后笑了笑）

质检工程师：（学着新人的语气，似乎带有嘲讽意味）你的解读符合逻辑。不知道你的意思是什么？

新人：我想看看测试部门的原始数据，可以吧？

制造总监：（被这个乳臭未干的毛头小子搞得有些恼火）我们现在没时间看那个吧！

技术经理：（冷冷地笑了一下）听我说。你说的没错，但是至少数据表明那些数字已经全部都在可接受范围内啊！

新人：（没意识到自己已经成为满屋子人的众矢之的）结果可能是这样的。但是我实际想问的问题是，这些数字有没有被四舍五入过？

质量监控经理：（听到对数据准确性的质疑，有些生气）是的，所

有数字都已经准确记录好了，并且也使用了正确的科学符号！你自己能看出来的吧！（大声笑出来）

新人：（拿出初生牛犊不怕虎的气势）那经受测试的产品样本量是多少？

质量监控经理：（开始有些恼怒）测试是按照正规的程序，从产品存货当中随机抽取样本的。大学毕业生应该知道这意味着最后的数字是统计相关的吧？

新人：（虽然现在开始觉察到他的问题让整个屋子弥漫起来的紧张气氛，但还是继续向团队提问）虽然数据从科学上说是准确的，但是为什么没有一个产品样本能够在5项测试当中高于最小允许值？

质量监控经理：你这样说也太过了吧！

技术经理：你觉得我们是傻瓜吗？这个屋子的人加起来有50多年的工作经验呢，你才参加工作一个星期吧？

新人：（现在明白了自己的问题）我们要用来证明产品可以上市的数据有一个潜在的问题，因为它们的值都太低了。设想一下，假如测试中的数值都像我们在报告里看到的那样，只能勉强符合标准，那实际产品的质量能有什么保证呢？

产品经理：（想尽力避免她的第一次产品会议变成灾难）我们先休息一下吧。大家先去喝杯咖啡，10分钟以后我们再来继续讨论。

作为一个集体，这个产品团队的每个成员都在为推进有利润、无竞争的新产品而努力，他们对其他成员有足够的信心，对公司的领导也十分信赖。

技术经理和制造总监二人在咖啡店跟那位新人会面。这款产品已经花费了太多人的精力，投入了数以百万美元的资金。另外，他们的个人前途都赌在这产品上面。

这些前辈们可不想让这个刚刚入职的毛头小子阻碍了他们通往产品成功的路。他们的年终奖、以后的津贴都要靠这款新产品，它意味着一笔很可观的收入。其实他们知道，以前产品也出现过勉强通过测试的情况，但即便如此，在市场上的反响也不错。这个公司本来也是一个以产品质量闻名的商业范本。所以看到测试数据，他们并不觉得有什么异常。

即使出了什么问题，他们确信，错误也会被很快地找出来，并且很快会被解决。不过事实上，修正错误正是那位新人的工作，他的工作涉及为投入市场的产品提供支持。但没办法，大家不再喜欢他了。

走廊里的讨论很快就出了结果。

制造总监： 我们决定让你离开我们的团队，也希望你能长点教训。我们觉得你不太适合再在这儿工作下去了。你问得有点太多了。建议你去别处谋职吧！

说完这个决定之后，技术经理和制造总监就走回了会议室。

为了防止尴尬，产品经理叫来了这位新人的主管领导。他的领导来到走廊找到他，于是他们返回了自己的办公室。没过多久，新人就被马上指派了其他临时性工作。

但是对产品经理来说，现在，在没有了这位"新人"的会议上，她反倒感觉有些紧张，对于结果也越来越不确定。她的情绪变得有些低落。这个年轻人，她之前没怎么见过的年轻人，引起了她心中的疑惑。但是既然团队成员已经把他排除在团队之外了，她也不能再想着放弃了。所以她建议举手表决是否先推迟团队成员的签字环节，她给的理由是：需要先确定另一位客户技术支持的人选，以补充团队空缺。这个决定现在看起来还是相当明智的。

这款产品最后没有举行发布会。结果证实了那个新人对于数据的质疑，产品确实无法正常运行。但是公司还在继续坚持这款产品的研发工作，因为消费者真的很需要这样的产品，而且它的潜在收益比接下来两年计划研发的任何一款新产品都要高。不过起初的巨额投资算是打了水漂了。产品最终还是没有出现在市场上。

产品确实无法正常运行。但是公司还在继续坚持这款产品的研发工作，因为消费者真的很需要这样的产品，而且它的潜在收益比接下来两年计划研发的任何一款新产品都要高。不过起初的巨额投资算是打了水漂了。产品最终还是没有出现在市场上。

上面这个故事，就是我职场生涯开始时的一段亲身经历。在我被重新分派职务以后，作为为拯救公司摆脱困境的"惩罚"，我需要做个"空中飞人"，在世界各地调研，解决客户们关于产品质量的投诉。我会出现在每一个有我们产品的地方，只要那里的客户不能通过正常渠道解决产品的质量问题。

我接受这个结果。不然，我的履历表上有段过于短暂的工作经历，该怎么解释呢？所以我有将近一年的时间，几乎每天都奔波在路上（或者是在天上）。

我对这个新职位完全没有准备，只知道我得为客户负责，我得充当他们的代言人。但是知道这些并没有什么用，因为我在公司任何人眼里都没什么地位。我的上级直属领导和管理层都希望我辞职，他们非常鼓励我再找一个其他的工作（这样他们就不用直接开除我了，也不用担心我向别人暴露产品缺陷）。即便是这样，我觉得自己还是能够在公司里有一点影响力的。

我发现我可以帮助他人解决问题，降低客户投诉的频率，提升产品质量，还能通过提问增加公司收益。当我代表消费者一方返回公司的时候，我可以以产品质量为核心，去质问每个人。我可以毫无顾忌地去找车间经理、威胁我赶紧辞职的专制领导，因为我要为客户解决问题，为我的客户解决问题。为了能让客户满意，我可以做大审判官、质询人，就像在法庭上一样公正。

我并不在意他们使用惯常的各种政治手段和伪善来促成我提出离职。他们还曾经威胁我说要停止往我账户里打工资。我兢兢业业地工作着，不过我知道离开的那一天终将会来到。

通过这一漫长的经历，我渐渐地明白了"问题"这个东西的价值所在。问题能激发行动。问题还会衍生出更多的问题。问题引人思考。当然，问题也会让你感到不爽，给你带来压力，造成自身困扰。

我提出问题，然后去聆听其他人为了回答我的问题而提出的新问题。同时，我也主动聆听来自客户的问题。

后来，我开始下意识地记下我觉得提得好的问题。直到有一天，我意识到大多数的问题都有可能促进事情的进展，也都有可能让事情变得糟糕（这常常取决于提问者是谁、提问者的提问方式）。我也开始留意当管理者提出问题的时候，他们到底是如何表达的，又是如何与人交流的。

当我后来回到总部办公室的时候，我跟那位产品经理再次碰面，一起回顾那次产品会议时的情形。她告诉我当时她有多么沮丧。我提出的问题引起了她的疑惑，在我莽撞地开口之前，她都没有为此而担心过。她的直觉告诉她，不要只关心产品本身，也要审视自己所运作的这个团队（以及她的职业生涯）。在这个拦路虎出现之前，她的事业发展和晋升速度本来还是不错的。

我当时在她的产品会议里，像是喝多了一样，问出一些莫名其妙的问题，对自己给他人带来的影响浑然不知。我的那些问题，也许是很不错的问题，很显然，我的观察是准确的；但是我提问的方式却不那么让大家喜欢。产品经理是这样给我描述当时的情况的。

> **产品经理**：你离开会议之后，他们说了你很多笑话。我当时觉得快要崩溃了，但是针对你提出的那些质疑，我不得不跟着大家的意见走，没办法给你帮腔。所以你知道接下来是什么决定了。你知道吗，我的顶头上司可是那个制造总监的老婆啊！

我怔了一下。从来没有这么深刻地体会到个人关系也能跟职业关系一样影响到日常工作。我的无知举动，差点给一位高素质商业女性的职业生涯带来致命的影响。

我：问了起初那几个问题之后，因为急着要表达，我根本不知道怎么才能停下来。而且，我知道即使我没说出个所以然来，我也不会去签那份上市许可书。

产品经理：好吧，当时，我觉得我的前途也就到这里了。但是如果我们让产品顺利上市，我也会被问责产品质量，然后引咎辞职。所以我做了每个产品经理都会做的事情——组织更多团队，召开更多碰头会。我以后还能再承担更多项目，但是你就得注意点了。①

作为我的提问直接导致的结果之一，她充满压力的那段经历让我警醒，让我懂得了，在提出一个问题之前，需要更全面地去分析我们所处的环境，不管是在人际关系方面，还是在专业事务方面。

很多管理者都很擅长问问题。纵使有洞察力、行为习惯以及求知欲的区别，但提出的问题大都会对他们的工作以及组织内部的其他人有正面的影响。我分别观察了一些高效和低效的管理者的管理案例，然后把它们分解成几个部分，给自己今后做参考。

当我最后终于爬上管理者的位置，我发现这些案例资源真的可以起到很宝贵的指导作用。因为可以跟公司里的其他领导更加亲密地交流了，也有机

----

① 产品经理最后得到了晋升，尽管如果一切顺利，她可能会升得更快一些。几年之后，她离开这家公司去做其他她感兴趣的事了。

会接触到其他公司的管理者了，我就琢磨他们提出的问题、他们提问的方式，还有他们得到了怎样的答案。

本书就使用了我从长年的观察记录中精选出来的案例。通过把问题作为分析工具，我将带领大家不断反思管理行为。

若想邂逅更完美的答案，请从锻炼更完美的提问能力开始吧！

第一章

常见的错误提问

5. 什么是"常见的错误提问"

你是否仔细反省过，在曾提出的问题中，哪些恰到好处，而哪些又不那么妥当？

大家对于提问并不都那么擅长。很多人在提问的过程中会掉进一个又一个常见的"陷阱"，抑或是忘了追问一些非常重要的问题。这个"陷阱"其实就是一种错误。然而即便在察觉到这种错误之后，依然很有可能没办法逃脱它的魔掌。在之后的例子中，你将会看到，确实有人明知在犯错，但还是忍不住再犯。这种所谓的"陷阱"，最常见的几种是：

※ 习惯性问题；

※ 可作为答案的问题，即问题具有指向性；

※ 未了解情境就进行的提问。

　　还有一些影响提问效果的错误，很可能源自提问者本人下意识的选择。我们要选择一种提问的方式，我们要斟酌接下来的遣词造句，还要考虑好在讨论过程中的哪个阶段亮出这些问题。然而，这种提前对提问进行计划的做法，可能恰恰又是错误的一个来源。这其中的一些错误是"故意"而为，与其说是问题本身的关系，不如说是提问这个过程出了岔子。而且不得不说，听众也不是看不出你提问的不妥之处，只是有时候他们会虚情假意好好配合你罢了，但对于管理者来说，这对改善经营没有任何帮助。

※ 故意摆低姿态。"本人才疏学浅，孤陋寡闻，所以想请教你……"

※ 故意装腔作势。摆出一副"我是老大"的居高临下的样子。

※ 故意回避矛盾。无视问题根源和最终责任人，却问些不痛不痒的问题。

※ 随便提个问题。世间不存在什么"随随便便提出来的问题"。

※ 满口专业术语。应该少用影响沟通的行话。

※ 提问含糊不清。这种提问的特点是"问自己的问题，让别人猜去吧"。

　　甚至当我们选择不提出问题的时候，都在犯错。这是因为我们时常自己下结论说，提问的时机还不够好，所以还不能提出问题。或者是我们感觉问题和可能给出的答案，对其他人来说都是显而易见的，我们不问，也避免了被他们看贬。如果讨论会上大家正针对某一话题展开争论，那在这期间问的问题无论如何都要恰到好处、恰如其分。整个团队拧成一股绳，才能一起学习、共同提高、产生共同的信念。所以在类似场合，至少有一种下面提到的处世理念，已经影响到了我们的提问行为。

※ 你自己知道答案，所以没必要再问了。

※ 问这个会让我看起来很傻吧。

※ 别人肯定会问的，等他们问好了。

※ 等时机更好的时候我再问。

※ 问了这个问题千万别引起大家的纷争。

6. 你有常问的习惯性问题吗

在我观察接触到的众多管理者中,这要算一个最为常见的提问"陷阱"了,包括我自己都经常掉入其中。习惯其实不容易自我察觉, 想要改变更是难上加难。经验丰富的管理者, 特别是用习惯性问题保证了事业一直成功的那些管理者,即便察觉到自己的习惯,也不可能会去做出什么改变的。对他们来说,习惯性问题无可挑剔, 毕竟他们负责和管理的那些领域还在保持着良性运行呢。比如我们可以看一下下面这个场景。

面对下属讲话的主管: 明天咱们要给钱总汇报工作。请大家针对钱总最爱问的三个问题做好准备。第一, 成本是多少? 第二, 成本的10%是多少? 第三, 如果预算得砍掉上面的这个数, 你准备从哪方面节省开支?

钱总有一套非常僵化的"砍掉10%"质询方法。他几乎在参加的每次会议里, 对每个人, 就每个项目, 提出他的"砍掉10%"的问题, 而且他还在所有部门推广这个方法, 包括广告、制造、研发、人力等部门。现在企业的成功也跟他的这个习惯不无关系。

然而, 钱总从不对企业经营的其他方面提出什么正经的问题。他的这种习惯, 导致所有的内部讨论都把焦点放在如何控制成本这个议题上。另外,大家的拨款预算会提高 10% 甚至 20%，因为到时候成本总是要砍掉 10%，钱总也总是想要砍掉这部分成本。

如何才能知道自己有没有习惯性问题呢？可以问问你自己，更好的方式还是问问周遭的同事吧。给定一个场景，如果他们能猜出你想要问什么，那么你就确实存在一个问问题的习惯性模式。当然这也不意味着有这个习惯不好，这意味着，也许你还可以变得更高效，如果在你的问题集里面再加点新问题，说不定对你的工作会更有益。

我曾经有个习惯，就是在每次晚饭前，给我的孩子提出这样一个问题：你们今天在学校做什么了？终于有一天，他们忍不住爆发了。他们发现，我不是真正地关心他们那天或者以前某天在学校做了什么。因为，我老是忘掉他们之前告诉我的事情，有时候很难就他们一直在做的东西接话。我用心改正了这个问题。现在，我猜他们肯定在祈祷，有一天我能忘记密切追踪他们近期在学业上的动向。

你有习惯性问题的几个显著迹象：

※ 你可以毫不费力地写出几条你常问的问题；
※ 你很难会就先前的讨论内容，提出更进一步探究的问题；
※ 你常常发现工作伙伴或亲友对你的问题对答如流，好像他们提前精心准备过一样；
※ 有些好心人曾"山寨"了本节内容，并提醒过你。

如果你经常用单一的问题提问，那么你可以试着从之前的谈论内容中，找到可以持续拓展的部分，或者，从一个全新的视角去发现和提出问题，这样可以弥补习惯性问题的不足。我们在引言中也提到了基本问题的列表，请读一读，挑出几个你从未关心过的语句加到你的提问中。

7. 你的问题是否脱离了情境

问题的情境，就是能给提问和应答双方以理解基础的宏观环境和背景，它使得双方面对问题和回答，都能明白对方的用意所在。

我听过一个由于缺乏对情境的理解而闹的笑话，它发生在某一届白宫政府。总统的女儿（没必要在意是哪位总统的女儿）放学回家，碰到了一个关于南美话题的作业，要寻求家长帮助。我能想象得出当时的情形。

第一千金：妈妈，学校留了这个作业，关于南美洲的。我想不通这个问题，就是……

第一夫人：亲爱的，你问我干吗？你爸爸是美利坚合众国的总统，他肯定会知道答案呀。快去问问他！

然后，就像其他众多听话的孩子一样，她去问了爸爸。于是她爸爸像所有慈爱的父亲一样，虽然不知道该怎么答一个四年级地理作业的课后题，但还是竭尽所能去解决女儿的困扰——他命令美国国务院去解答。第二天，重达数吨的报告用卡车装箱，运抵白宫。

> 当你问一个问题时，要保证你要提问的那个人了解你提问的背景原因。

你觉得这位总统先生是否明白了，他为什么会对自己问的所有问题都那么感兴趣了吗？

　　如果别人在不停地请你解释你问的问题，请注意，可能你并没有阐明事情的恰当情境。

　　如下情形的发生可能就是由于问题缺乏情境：

※　应答者问道："您问这个的意思是？"

※　应答者对于如何给出回答踌躇不决。

※　大家好像总是曲解了问题的原意。

※　对方发来的邮件信息并不是你（认为你）当初想要的。

※　有人复述了一遍你的问题，然后说："我认为这跟小明刚刚问的意思一样……"（但你的问题其实和小明的根本不在一个层面。）

$8.$ 你把答案放到问题里了吗

　　有时候，问题里面隐含着回答。在某些情境下，这种问题的提出是有意为之；但只有在你希望提出诱导性问题时，或者并未打算在讨论中获取更多新信息时，把答案放在问题里才是可取的做法。这种提问方式还有一个作用，那就是所谓的"教对方如何说话"。

　　这种做法其实有很多范例。下面这个例子就描述了一位管理者如何把答案包装在问题里，然后"教他的员工如何说话"。这个案例发生在一家制造和销售高端精密仪器的公司。

　　总经理已经向公司总裁承诺，年底之前将会发布一款全新的产品。总裁回过头又将这个承诺背书给了董事会。公司十分渴望能发布这款产品，它有望扭转连年下降的销售颓势。

过于乐观的总经理：我们的产品测试进度保持正常，客户体验测试也如期完成，没有什么别的性能测试任务了。所以，咱们已经得到了计划得到的所有前期数据，对不对？

产品经理：是的，已经得到了。

过于乐观的总经理：供应商那边告诉我说，他们各部分的生产也在有序进行。所以我们的原材料供应应该也能保证了。产品原材料的供应链在正常运行中吧？

运营经理：对，原料库存在预期的水平上。

过于乐观的总经理：大家都比较认可现在一些重要指标的进展，是这样吧？

这个总经理问的问题里面，混杂着答案和问题，而且问题只能有一种回答，在这种时候，这样的问题没有任何价值。他不允许任何不确定的事实侵入进来，这样会打乱他承诺好的产品发布计划。

过于乐观的总经理：那么，已经准备好产品发布了吧？

产品经理：（对对方的激情四射无动于衷）可能没有。

过于乐观的总经理：嗯？什么意思，还没有准备好吗？

产品经理：嗯，没准备好呢。

失去乐观的总经理：已经 11 月份了呀。我们得保证产品在这个财年到店上架啊！我们都有几百万的订单了。而且我承诺给了总裁，他也承诺给了董事会。我们万事俱备只欠东风啊，销售应该不会出问题吧。怎么回事啊？

产品经理（虽然对于即将赴巴格达执行销售任务感到无比期待）：

产品的最终样品测试失常，内部起火，烧毁了关键元器件，我们还没弄清到底怎么回事。所以，我们得先把事情调查清楚，其他事都得靠后了。

问了这么多夹杂答案的问题，然后还问一些只能回答你想要的那个答案的问题。但现实就是这样，跟你想要的不一定一样。

在这个案例里，总经理做了最后一搏，他试图让他的下属尽快启动销售，并且说："……不管怎样，我们至少可以在年内启动吧。"然后再在明年第一季度完成其他的任务。

但是下属经理没有理会，他拒绝先启动销售。谢天谢地，产品问题被找出来了，之后的产品推介非常顺利。大家最终也都因此得到了晋升。

问题中隐含答案，或者引导别人表达，有点像法庭上的一些情景。可以分为如下几类问题：

※ 应答者的回答恰恰是你想要的；

※ 问题中的一些字词在答案中又被重复；

※ 主问题后面紧跟着第二个问题：是这样吗？对不对？对吧？

除非要在教室里教学生背诵一个特定的答案，否则最好问更多的开放式问题吧！你有可能听不到你想要的回答，但你更有可能听到你真正需要的回答。

9. 摆低姿态："俺就是个乡巴佬……"

展现一种平易近人、和蔼可亲的朴实态度，这是在发起提问之前，有意自谦的开场方式，它让严酷的质询尽显人性光辉。不过，这同样可能会被人看成一种伪善的姿态。

我认识一位管理者，他也用了类似的自谦方法。他的开场方式是，先介绍自己是从山区走出来的。他经常用这种表达，以至于这都变成了一个信号，告诉大家一个很"棘手"的问题就要来了。

管理者：请教一下。我从农村来的，不太懂。汇率是怎么影响到咱们在日本的收入的？美元兑日元在上升还是在下降啊？给我讲讲好吗？

这种自设姿态的方式，似乎能在水门事件（Watergate Case）的电视听证会上找到渊源。那场电视转播的国会程序针对时任总统尼克松参与非法闯入民主党在水门酒店的总部一事，而在听证会上充当首席调查律师的是萨姆·欧文（Sam Ervin）。

欧文先生在开始进行他富有洞察力、逻辑性和批判性的质询前，用柔和的南方口音缓缓地说：

我只是个小地方来的律师……

所以，他说这话有什么意图呢？

他希望，他听到的答案能够用一种简单明了的方式表达出来，甚至一个"小地方来的律师"都能理解他们说的内容。同时，他也在为自己设定一种形象，这种形象跟他的对立面——那些光鲜亮丽、油嘴滑舌、来自大城市的人们截然不同。

我曾见到的一些"最强大脑"中间，有不少是来自基层的"乡巴佬律师"。就像乡村医生一样，他们需要掌握所有的知识，从而能为踏入他们办公室的任何人服务。

萨姆·欧文并不是个穷人，也不再生活在乡村里了。他是位接受了哈佛教育的律师，并且在华盛顿特区找到了一份很不错的工作。然而，人们对他的评论褒贬不一。至今，他的音频资料还能在一些记录水门事件历史的网站上找到。

有些故意放低姿态的做法，并不建议大家使用。以下是一些故作姿态的信号。

※ 所有人都知道提问者的来头。

※ 员工甚至能够逐字逐句地复述管理者开场白的寒暄语。

※ 在提问之前，会有对其他人定位的言辞（好了，各位专家们，咱们开始吧）。

※ 提问者使用"我们"，不用"他们"，是另外一个设定姿态的手段（为什么那些上夜班的老是给我们这么大压力呢）。

我认识的一位夜班经理，使用"白班组"和"夜班组"来区分其他员工和他的夜班团队。他听自己上司的老板对白班组不吝褒奖，甚至还信誓旦旦地说要帮他们更进一步提升顾客服务满意度。"但是你们知道，让夜班的那帮人达到同样的水平，是非常非常困难的……"多么让人沮丧的话，不仅表达了对夜班组的低期待，同时还往夜班经理心头插了两刀。这其实也表明了公司对于在夜间致电的客户持有什么样的态度。

公司为控制成本，计划将日班和夜班两个团队搬到另一个办公地点，而且如果必要，还计划通过裁员方式"迫使"员工进一步提升表现。没有一个顾客会希望在他致电客服部门寻求支持的时候，在电话另一端听到的是位不懂怎么说话的接线员。

所以，每次召集团队开会，这位夜班经理都会使用这样的开场白：

谁是一天当中另一半时间的日班组？

每次在他开始提问前，都是如此。通过一个再简单不过的提问（甚至都不需要有什么口头回答），向团队每一个人灌输了一种理念：你的工作很重要。对他来说，好工作不分日夜。①

> 开场白在首次使用时具有千百种价值。最直接的表达往往是最棒的表达。请使用明了的话语，直抒你的疑问。

10. 装腔作势：提问者瞬间变成老大

装腔作势和故作姿态有些类似。当一位管理者要作势，他会试图建立一个更伟大、更权威的"自我"，突破在场人士可能预期的其他形象。作势也可能是个体企图保持控制或增加影响的一种途径。

一个人会通过象征性地让自己膨胀起来，让自己更具气势。这有点像炫耀挂满胸脯的勋章一样（军队的退伍老兵总以这种形象出现在盛大的场合）。装腔作势暗含着一种进攻的欲望。这是一种让屋子里每个人受用的方法，让他们知道，谁在掌权，谁是老大。请看下面的场景。

由市场经理主持的一场市场策略碰头会正在进行，有 15 人参加。会议

---

① 佛瑞德（这不是他的真名）将技术服务公司的客户服务项目运营得非常好，这让他得到了一家消费品企业客户服务管理的职位。后来，他去了一家品牌零售连锁店做高管，仍然坚持"24 小时白班"的理念。顺便提一下，其实他并不认为自己那次作为夜班组和周末组经理的任职是个特别好的职位变动，实际上，虽然在那里他广受爱戴，但他觉得自己"潜力有限"。（哈哈！）有一次，我在机场正好碰到了他，提起过去的那些成功，他将其归功于在客服部门学到的工作技能：认真倾听。没有这种能力，你不可能在那种部门做得好。他说他只要"听听那些年轻人是怎么说的"，如果听起来是个非常棒的商业想法，他会接受他们的领导。

将讨论焦点定在如何修正市场策略。大家聚在一起，希望在已到达上升瓶颈的市场中，找到一个扩大份额的突破口。各级人员都到场了，包括技术人员，也包括刚来的副总。

这是这位副总来到公司后参加的第一次会议，也是公司其他员工首次见到他本人。在他到来之前，关于他自负性格的传言就已经先飘到大伙耳朵里了。

这间大会议室的一面内墙，是一面落地的玻璃。会议室内的一切，都能完完全全地被屋外开放式办公区域里的每位员工看得一清二楚。

为讨论方便，我们给定这家企业的经营范围——他们为学校制造、供应脱脂牛奶产品。

市场经理（微笑）：正如大家在第一张幻灯片看到的，我们将市场划分为小型学校、中型学校和大型学校。

副总（同样微笑）：你的意思是不是说，这些学校可以按照它们牛奶的购买力分为小型、中型和大型的食堂，而不是按其规模?

市场经理：学校的规模和学校采购牛奶的数量之间是有直接关系的。

副总：有没有例外的情况?

市场经理（收起笑容）：当然有例外情况。有些学校的牛奶采购量跟规模并不成正比。

副总：我知道了。所以，是不是有这样的可能：一所小型学校，其食堂采购的牛奶在……比如说在一个中等水平上?

市场经理：嗯，也有这样的可能。现在看下一张幻灯片，这张表显示了小型学校……

副总（咧嘴笑起来）：不好意思，你刚才说学校的牛奶购买力有低、中、高三个等级。你还说，其中一些学校的食堂，它们实际会比用学校规模预测的牛奶购买量高一个等级，或者低一个等级。那这些学校有没有明确说它们的校内食堂拥有"大型的牛奶购买力"或者"小型的牛奶购买力"？

　　市场经理（用一种难以置信的表情）：不是吧。我没说这个意思。

　　副总（继续笑着）：就是这个意思。你的本意是想按照食堂购买力来划分市场的，但是怎么按照学校规模划分了呢？

　　市场经理：因为基于我们从市场得到的数据，这样做是合情合理的，而且方便实施。那再看第三张幻灯片。中型学校的需求是这样的……

　　副总（竟然在这个时点咯咯笑起来）：你要说的是中型食堂，幻灯片上干吗还写中型学校啊？

这个时候，市场经理把激光笔扔在了墙上。然后选择性地列举了一些家畜，简单地介绍了它们应该怎样划分。

他说这些气话的时候，胳膊不停挥动着，再加上一些手势，这种可以感受得到的声势，让玻璃墙外每个小隔间的员工看得一清二楚。借助公司新铺设的光纤局域网络，这件事以光速传播到了这家企业的所有角落。

通过一种苏格拉底式的"问与答"的形式，副总可以满足自己的多重目的：强调自己的控制权；证明他自己机敏的观察力；让整个团队意识到，给他看什么东西之前先保证所有事情都正确无误。最后，他可以展示自己最严酷的一面，证明自己绝非一个有亲和力的领导者。这属于纯粹的装腔作势——其实意义不大。

这位新领导十分聪颖，还让很多人知道他是门萨俱乐部（Mensa）成员，能在标准智商测试当中超过某一高不可及的分数线。然而，他同时被看作新加入的这家公司的克星。诚然，一个人无论水平高低，都不必对整个企业的表现负责，但在上面的场景中，也许跟公司接下来的业绩有一定关联。收入和利润开始下滑，而且很碰巧就是从他来公司履行职责开始。形势十分严峻，直到他离开后才有所改观。

后面的章节，我会专门讨论苏格拉底式的管理方式。大体上我很支持这种方法，但是像刚才所说的，它有非常不好的一面。

装腔作势包括以下几种表现。

※ 问题本身明显将提问者控制讨论进程的意图展现出来，尽管这种做法并非必要。

※ 问题中包含对自我重要性的定性评估（例如：那次我跟总裁说起这件事的时候……）。

※ 在谈话过程中插进强调个人成就的一些属性（例如：高考分数、门萨会员、股权投资规模、前一晚共餐的大人物等）。

※ 提问者向回答者解释他们的回答（例如：还是我来告诉你你想表达的意思吧……）。

※ 作为管理者每天都会提醒周围的人他曾经有多优秀，甚至随身携带一些证明这些的材料。

摆弄腔调的人想无端地给自己增加一些权力，尤其在公司给你的实权不给力的时候。如果想要证明自己的知识面、分析能力，那请问些让回答的人能通过思考得到准确答案的问题。人们都会敬重能施展才能的领导。但是，你必须要清楚，敬重归敬重，敬重不意味着喜欢。

> 管理者必须运用智慧决定哪些方面是最重要的，但借此不停地展示自己有多牛，会引起大家的反感。

11. "随便"提个问题吗

管理者可以效仿"走动式管理（manage by walking around）"[①] 的工作方法，做个亲民的领导；也可以跟组织成员建立更加正式的工作关系；选择在这两者之间也未尝不可。提问，其实跟管理风格没有关联，因为它是建立在实际的情境之中的。

所以，问题是否随意和轻松，取决于你要问的那个人是如何来感受这个问题的。回答者，而非提问者，才是决定问题属性的那一方。你表现得随意又自在，人家并不一定会领情，不一定觉得这是个"随便"问的问题。

我给商业领域人士的一条建议就是，不要去问什么随意的问题——尤其是以书面提交或电子邮件形式发送的问题。电子邮件记录可以近乎永久地保存，所以你曾问过的所有事项，不管它们是否随意，都可以作为法律调查的证据。

例如这个问题：

艾德，你真的认为这家伙会把海里的鱼全部杀光吗？

这就不是随便的问题，它很有可能影响到你本人，影响到你的事业，甚至是全人类的福祉。

如果你属于"走动式管理"的那一类人，或许先不要问那些随意的问题为好，除非这已成为你自身真正拥有的日常管理风格。假如你不太擅长那种风趣的交谈，不擅长在严肃群体里面调节气氛，那么请避免做这些事。

---

① 走动式管理，高阶主管通过时常在各部门走动，来了解员工工作实情的管理策略。——译者注

早年间，我在市场部任职时，有一天早上，我正盯着电脑屏幕工作。突然，我看到上司出现在我办公室门前——好像是坐时光机突然穿越过来一样。我心想，不好，出事了——出大事了！

这个上司是这样一种人：如果收到了一封正式的烫金会议邀请函，他甚至会提前数周把所有东西准备好，西装笔挺去参加会议。他异常严格，每每阅读提案——不管是计划方案、宣传策划书，还是普通的留言便笺，他都会拿着笔一通写写画画、圈圈点点，非得把他面前每张纸、每份报告都改得面目全非。也许他明摆着就是要刺透你的心灵……所以那会儿瞄见门口的他，我眼前一黑，感觉身上所有的毛孔瞬间张开了。

　　上司：嗨！我这儿有 100 万的经费缺口。不用别人说，我知道只管过来跟你要就行。对吧？（他表现得很放松，并摆出开玩笑的神态。）

　　我（从刚才的不良预感中缓过神来）：啥？

他就那么站在门口笑着。开会的时候他也常常这么干：问了个让人摸不着头脑的议题，然后就盯着对方，气氛相当尴尬。即便对方说他不知道什么意思，上司也会平静地引导他"再想想"。"再想想看！我就在这儿等着，我有时间。"他依然站在门边笑着，眼睛一直看着我。

最后，感觉一个世纪都要过去了。我打破沉默，开口说话。

　　我：哦，您是说我任职研发基金委员会的事儿吧？（根据总裁指示新组建的这个委员会，旨在为研发管理部未照顾到的、仍有一些市场价值的技术创新项目提供资金支持。）

　　上司：对啊。我知道我们的科学家可以随时给你打电话拿钱。是这样吗？

　　我：（突然想起他的到访可能跟去纳米比亚外派的事有关，那时候纳米比亚正在内战，可能他想派我去那边）您觉得设立基金委员会有什么不妥的地方吗？

上司：我觉得啊，咱们每个人都应该时时刻刻想着自己工作上的事儿，即使在周末，在度假，甚至在方便的时候都应该多考虑公司的事情。

我：啊，您觉得我需要辞去委员会那边的任职吗？如果不合适，我这就去说一下。

上司：没那个意思啊。我就是路过，想看看你在新职位上做得怎么样。

我：感觉还行。

说完他就走了。这是个很好的例子，以轻松的姿态问一个其实不随便的问题。他此次到访的目的于是变得明晰了，他是想借此告诉我，不管总裁给了我一个什么兼职职位，他仍然是我的上司。他打趣的话语并没让人放松，"随便"问个问题也不符合他的风格。全部门的人都不会愿意听到来自他提出的"随便"的问题，原因有两个：他的个人风格和他的职位层级。

> 员工和组织中的其他下属都希望，处在其他层级的管理者不要透过层级问些无关紧要的问题。记住，要从回答者的角度去思考提问的方式。

你听到的不随意的"随意"问题一般是：

※ 在非正式的交谈场合提出的严肃话题；

※ 在正式的交谈场合提出的不那么严肃的问题；

※ 以即兴发挥或"顺便说一下"的名义在某些场合发问，让人隐约感到他在暗指什么事情的问题。

12. 用不用 "行话"

所有的行业都各自形成了一些为交流方便而创造的表达方式。它们成了一种亚群体内部享有的方言——只在某个行业或领域独有的语言。如果不知道那些词、句、缩写表达什么意思，很有可能给内部交流带来些许困难。同时，不理解行话常常会导致不信任，混淆词语原有的含义。行话，也可能为可能的商业合作带来障碍。

有话直说的企业要比话语不明的企业有更好的表现。[①]

世界知名商业咨询事务所德勤公司对"行话"的使用做了研究，并得到了一些结论。他们甚至制作了一款名叫斗牛士（Bullfighter）的软件，可以读取并分享文件中"公牛（bull）"一词出现的数量和频率。虽然大多数类似的言语审查研究都是基于公开的文件资料，但如果将它们应用于内部行话的研究，也绝对有非凡的意义。

一些带有行话色彩的语言在多个行业通用。例如"协同作用（Synergies）""重新目的化（repurpose）""视野战略（scoping strategies）"等，从表面意思并不能准确判断其含义。关于"行话"问题，这里有一个我能找到的最诡异的例子。

[①] 由德勤咨询公司的布莱恩·弗戈赫（Brian Fugere）主导的一项研究发现，"能够自由沟通的企业，较之使用隐晦语言、话语不明的企业，其近三年的企业增长表现会更加优秀"。这句话引自2003 年 6 月 24 日《电讯报》（*the Telegraph*）的一篇文章，详见 http://www.telegraph.co.uk/core/Content/displayPrintable.jhtml。

经理（提及一个公司计划时）：这些能让你们感觉又大又温暖吗？

这是当时的原话。这没有在开玩笑。更令人震惊的是，公司里的所有人似乎都对"又大又温暖"这个表达心领神会，这个短语非常流行，在整个组织当中都被广泛应用。它会出现在财报，甚至战略计划、财务预算当中。

当新员工、供应商、顾客、政府官员对这个短语不知所云时，该如何和他们沟通呢？所以这个表达就需要被翻译成直截了当的话，而这又会产生多少种对"又大又温暖"的偏差性理解？

这家公司在接下来的一年里，获得了不错的收益，也是相当地"又大又温暖"了，不过在这期间，我听到了很多关于这家公司类似上述的纷纷议论。我想，并不是类似"又大又温暖"的便捷行话让一个企业产生效益，而应该是一种能够同外界通用的规则内核，以及一个做事的禁区。后来，这家公司被收购之后，那位经理重新找了一份工作，在另一家小型公司担任首席执行官，他和他的公司都还不错。我不知道现在他还是不是那么常用"又大又温暖"之类的"行话"，我觉得肯定还会用的吧。他之前的任职生涯也可以告诉他，不管有"多大多温暖"，做事原则不能丢，一切可沟通的渠道不能随意关闭，否则很有可能会变成"又小又寒冷"。

使用简洁明了、开门见山的表达永远是最佳选择。提问的目标其实就是传达给听众你真正的疑惑，然后期待对方给出一个真正释惑的回答。

"行话"的滥用，至少表现在以下几个方面。

※ 让别人完全明白你讲的东西，是否需要费很长时间？

※ 再三使用"愿景""战略""资源""思维"这种词。

※ 为某个名词的解释费尽口舌。

※ 一些陈述听起来像是政客为演讲准备的一样。

13. 回避矛盾：闭上双眼，大象就消失了吗

在很多情况下，亟待解决的问题都被有意忽略了。在很多地方，我们都可以看到有些人像鸵鸟一样，任由一些疑问存留。

一些人看到存在显而易见的问题但却没有人问，就也想逃避责任。如果一位管理者，特别是一位首席执行官用"我也不清楚"这种方式对工作汇总的一个棘手问题作出回答，那么他说得虽然是事实，但这个事实显然是被谎言掩饰着的（不管他是有意还是无意）。

在一些情形下，管理者会把"大象"请进办公室。当然，这是个"行话"，它意味着存在一个很大的问题，情况很严重。实际情况是，所有人都意识到了这个问题，但是没有一个愿意站出来说些什么、做些什么。有的人把这种现象称作"桌面上的犀牛"，一样的道理，很大的压力从天而降，影响着所有人，但大家都熟视无睹，这种现象想必你也曾遇到过。

我就认识一位项目负责人，在他的下属制定下一年度的收入目标时，他不允许他们将这个目标定得比上一年度低，哪怕低 1 美元也不行。而且不仅仅是不愿看到收入目标降低，他甚至也不愿听别人讲到当年的收入表现比上一年有所下滑。

自负的负责人：如果你过来是要告诉我，你完不成上一年计划的最低标准，那我会另找人来满足我的要求。

他绝对会说到做到。因为畏惧他的强硬态度，没人会站出来说，完成这些收入目标有时候是根本不可能的。不过，公司的运营一直比较成功，每年都能奇迹般地完成预期收益，不断满足负责人的要求。但是，有一年，他突然没那么走运了。那一年，收入出现严重下滑，亏损严重。而后，这种局面迟迟不能解决，他们的"大象"也变成了狰狞的"猛犸"。这家公司以人们绝对没有料想到的方式，由一个成功者迅速走向失败。

后来，他的核心管理团队成员们，在一月份的某个夜里，在某次没有他参与的活动中，因为暴雪天气困在新英格兰一家小型的家庭旅馆中。壁炉里的火让整个房间温暖无比，加之刚从酒窖拿出来的葡萄佳酿，一伙人身心放松，于是大家想针对之前那个大象——收入突然下滑的问题，进行一次讨论。

他们赞同保证收入不低于上一年度的努力，其实一度是很成功的。但没有人曾想过这是如何做到的。它就这么发生了，然后又按照出乎预期的方式骤然衰败下来。

前市场总监：我一直不明白，销售计划量高得那么离谱，我们是怎么做到每年完成预期收入的？真的卖了那么多货吗？

前销售总监：我也觉得挺奇怪的。每年年终，我们发展的新客户屈指可数，我非常清楚。大多数客户都是为了更优惠的报价签订长期合同的合作伙伴，所以我们每年增长的收入来自哪儿呢？

前财务总监：唉，我现在可以透露一些东西给你们了。其实我们哪一年也没能满足预期收入——换句话说，我们都该被辞掉的。

其他人：怎么回事？

前财务总监：我们一般都是在货品抵达客户手中以后，才会邮寄发票。但在年终，我们会在货物装箱准备轮渡时就把费用计入账户，这样，这些货物的订单收入马上就可以写进当月的销售报表中了。

前市场总监：那么，那个时候你们会装箱多少货物？

前财务总监：我们计算过，客户 8 周的需求量才能让这一年的收入达到目标，稳妥起见，我们轮渡了 12 周的需求量。

前销售总监：啊？咱们的码头有那么大吗？

这意味着，这个公司在新年伊始，就已经有 3 个月的收入和利润计入到上一年度。虽然这伙人在一起工作，但由于被老大禁止问这个关于收入锐减的"大象"的任何问题，所以从来没有对这一问题开诚布公地交流过。尽管他们很清楚，自己的年终奖金以及各种升迁，都跟完成任务密切相关，但没人敢有任何质疑的声音。

> 在有必要厘清疑惑的时候，应该好好地提出问题。虽然有可能带来一些风险，但如果不问，等"大象"来了，谁也没办法补救了。

最后的结局你也知道了。最后，公司被它的一个竞争对手收购。被行政命令搞砸的这家公司，从每年数百万元的创收，变成了每年数百万元的亏损，却并不是因为它的市场份额有任何的损失！

在这些情况下，请警惕屋子里的大象：

※ 有不能说的敏感话题；

※ 一些提问方式是被禁止的；

※ 有人经常会嘲讽"不能做某事"的规定；

※ 说到某件事，大家会用挤眉弄眼或者说 "你懂的" 的方式来替代；

※ 大家都会感到有个笨重的 "大象" 在周围。

14. 无题可问："墙壁式管理"

你对着墙说过话吗？对墙说话，它不会回答什么，不会告诉你什么，你说什么它也没有反应。一些管理者的行事作风就像一面墙壁。公安审讯人员会接受培训，学习如何同铁齿铜牙的嫌疑人对话，但大多数人没这种机会学习相应的技巧。那些表现得像面墙的管理者，想通过这种方式体现他的中立立场。但是如果你真的常用这种"墙壁式管理"方式，我劝你还是换个方式吧！

在一家位于美国中西部的农产品企业里，有一个管理者就不愿为他听到和看到的任何文件、报表及议案发表评论，同时也不会提出什么问题。他担心，任何从他口中说出的意见或建议，都可能会被误认为代表他的立场：支持或者反对。如果占卜师没有跟他说过他即将要从管理岗位卸任，他应该永远不会去展现自己的立场。他当时的企业管理理念，恰恰与同时期名声大噪的俄亥俄州橄榄球队教练——已故的伍迪·海耶斯（Woody Hayes）不谋而合。

伍迪曾说："四分卫传球的时候会发生三件事：两件坏事，一件好事。"传球可能会被拦截，有可能掉到界外（由此损失了一档机会），当然也可能完成传球。对于伍迪·海耶斯来说，能成功完成传球，甚至能和触地得分[1]一样让他满意，即使后者在比赛中更被看重。在这种理念之下，海耶斯先

① 橄榄球比赛中得分最高的方式。——译者注

生成为终身成功的教练之一。纵使后来他发现了更好的传切战术（passing game），他的橄榄球理念已被球迷概括成"投球三码之外，扬起一片尘土"。

用到企业管理实践中，那句经典的名言可以改写成"做出决定后会发生三件事：而这三件事都是坏事"。决定可能最终被证明是错误的。如果决定没有显现出效果来，那么看起来就是失败的，因为管理者在上面花费了太多时间。即使最后这个决定起了很好的作用，变成了一个好决定，受到好评的那个人也常常会变成其他人。如果这个理念变成管理者心目中的行事标准，那他就会趋于回避提问。他们可能会在讨论中用一些不重要的细节转移话题，声东击西，兜圈子，或者对着一个二选一的决定翻来覆去地比较，但是避免做出实质性的评判。或者干脆像前面讲的那位管理者一样，保持沉默，不去应答。

这种喜欢用模棱两可的态度做事的人，一般会在对执行力要求较高的管理层或较低级别的管理者中间出现。他们会想，反正下决定这种事还是要让高层去做的！

领导没有任何反馈，这是件太让人心碎的事了。我们大多数人都希望在讨论过程中收到其他人的些许反馈，尤其是在展示一些收集到的资料、提出一些建议的时候。哪怕是一个小小的赞誉，也会是一种非常积极的反馈。即使管理者信奉神秘主义，不愿意让别人猜透他的心思，在很多情况下，用问问题的方式来表达自己对对方议题的兴趣，也是非常明智的做法。

我有一个朋友，在他跳槽到一个新职位满一个月之后，被要求做一个项目总结报告，并拿给老板看。经过好几天的加班准备后，他去向老板做报告。老板正在会议室等着他，并且是唯一的听众。只有他们两个人的环境貌似非常合适，因为他还有一些比较私人的问题，以及关于预算控制、项目预期等话题要跟老板探讨。但这个老板素以城府较深而闻名，一般人很难看透他。

他一般不会直接回答你的问题，也不会问一些让别人可能猜到他在思考什么的问题，当然，也没人知道，他到底有没有在思考。

然而，预备要做 30 分钟的报告刚刚开始了 3 分钟左右，我的朋友发现，对面的老板已经开始打盹，马上就要睡着了！他不知所措，只能继续回过头讲他自己的东西。

当他完成了自己的演讲报告，老板终于醒了，然后感谢了他的报告，然后径直走了出去。没有留下评论，也没有问个问题。后来他听同事说，这种状况经常发生。这位老板就是一个典型的"0 反馈"管理者。除了一串空白的"0"，你什么也没有得到。

> 问些问题吧！即使提问仅仅是为了显得"有礼貌"。这会让员工们感到你重视和他们在一起的时间，也让他们知道，你在关注他们。

有些管理者避免问太多问题，仅仅因为他们不想插手某件事，或者不确定他们提出的问题能否得到回应，所以他们干脆不问。但是，有提问的环节才能证明这段时间的价值。没有疑问的世界，如何去指望员工、项目以及企业有所进步、有所发展呢？

第二章

那些被忽视的好问题

15. 问一个愚蠢的问题，我会不会被认为愚蠢

如果你害怕某个问题显得太愚蠢，那请想一下，如果你闭嘴不问，那么你就会越来越愚蠢了——这是迟早的事。提高提问技巧，唯一的途径就是勤于使用问题。其实很多时候，其他人也在心里嘀咕和你差不多的疑问，只不过他们没敢说出来罢了。

我的一位前同事是一位经理，曾经任职于政府部门。他有一个习惯，就是经常在讲话中讲些缩略词。大多数时候，这些缩略词都是大家熟悉的，很好理解。但也会有一些缩略词让大家无法理解，不知所云。

一天下午，在老板和其他同事都参加的会议中，我又发现他在用一些缩略词，其中有一个，我实在不懂是什么意思。所以这一次，我决定做个愚蠢的人。

前同事：我们按照计划，需要提高产品价格。我们必须要在竞争对手行动之前，把这个信息提前告知客户。然后，只能 OTE 了。

我以前从没听过这种表达，所以一开始我以为其他人都知道这个缩略词的意思。不过我实在没法不想这个词。我就想，反正我也被炒过一次鱿鱼了（如果你还能记起前面内容的话），也没什么好怕的。问问看吧！

愚蠢的我：OTE 是什么意思？

老板：啊！对，OTE 什么意思？

前同事：顺其自然（Overtaken by Events）。

我从这里学到了三件事：第一件事，我老板也不知道这个词是什么意思，但是他怕丢脸，不好意思问；第二件事，我知道问这个问题没让我变得愚蠢，至少没有比提问之前更愚蠢；

> 愚蠢的问题常被忽视，你，值得去问。

第三件事，我学到了一个英文短语的简洁表达方式，在日后的公务中也可以应用，节省时间。

16. 未被提出的问题：已经知道了答案，还有必要去问吗

对于很多人来说，知道了答案，那些该去问的问题也不能就此放弃。这么说的原因是多方面的，比较常见的原因如下：

※ 你思考的结果可能不够准确；

※ 其他人可能还需要听一听答案；

※ 在参与者需要勇气的时候，你的提问是给予其"表达正确立场"的机会，尤其在你的
问题很难回答时，提问的意义便更为重要；

※ 提出一个显而易见的问题，可能会帮助发现另一个不明显但实际非常关键的问题。

　　我曾见过的最搞笑的一个例子是，一位管理者经常会提出一个问题，然后紧接着，又解释说他自己已经知道答案了。

　　有时候，当他把答案说出来时，大家会发现他说得不完全对。不过他是个说一不二的人，在他的众多手下面前，他不会承认自己是错的。即便员工和他争执起来，他也会坚持说自己是正确的。我对他的了解仅限于此。

　　其实在这种情况下，管理者需要意识到，其他人也有下结论并坚持自我的权利，在已经说出的结果面前，其他人也需要自己判断它的准确性。问一个问题，目的是帮助个人和团队分析事实并引导他们得出结论，这不失为加强组织凝聚力、实践管理责任的一种好方式，它还能避免个人专权的风格带来的决策风险。

　　在很多组织中，年轻员工都非常需要被给予做决策的机会，并利用这些不可多得的机会培养能力，增强自信心。他们需要通过各种促进思考的活动来提升自我决策的技能。在这个时候，给

> 管理者在问问题之前，并不需要知道确切答案；即使他们知道了答案，问出来，也还是非常有价值的。

他们抛出问题，让他们直面难题，也是辅助他们成长的方法。把提问当成一种管理技巧，或许能使员工发生意想不到的蜕变。

　　管理者觉得显而易见的事情，并不一定是其他人眼中显而易见的事情。

要想证实一件事情，唯一的办法就是将它提出来。如果你和别人想的不同，那么就要好好想一下，为什么同在一个团队，大家会出现理解上的偏差。

一个老练成熟、经验丰富的律师往往会避免询问关于目击者的问题，除非他知道真相是什么。但毕竟，法律的反诘问技巧（cross-examination practices）并不一定是好的商业管理技巧。

17. 其他人会问的（经验丰富的领导也会问的）

如果你心中有问题，而且你也非常确信这个问题亟待回答，那么还是问出来吧！除非你能读心，否则永远都不可能知道其他人是否也有同样的疑惑，或者他们有没有想过去提出类似的问题。

对于初级或中层的管理者来说，他们有时候会非常在意自己所处的职权等级。他们从上级那里听到的很多问题，对他们来说都是很好的学习案例，有助于提问技能的提升。然而，我听到很多中层的管理干部认为自己还没什么资格去问这些给人设绊的问题。

他们会解释说，因为他们的老板身居高位，所以才有资格问"这种问题"。那么，这种"老板"问题是否可以由你来问呢？我觉得你可以思考一下：对于企业来说，早一点还是迟一点搞清楚这个问题，是不是一件至关重要的事情？

如果答案是肯定的，它确实是需要尽早解决但一直被忽略的问题，那么为什么你非要等别人问呢？而且，你也要明白一点，那就是可能你的老板永远也不会发现这个问题，所以你的那些理由显然站不住脚了。

　　诚然，提问者的可靠性是一个需要考虑的重要方面。尤其在一些需要员工学会遵从上司的企业，比如老板是位战功赫赫的退伍军人，或者整个企业的文化是勤勤恳恳、低调做事，等等。威望较低的年轻管理者不得不跳过那些敏感话题，以及可能让回答者难堪的问题。

　　然而，考虑问题本身，如果它真的很重要，在被你问出口之后，会对你和别人造成什么影响吗？如果你的问题在诸如会议之类的公共场合未被采纳，甚至未被重视，那么考虑更私人的沟通方式——电话，或者面对面谈话。邮件、社交软件的沟通可能会引起误解，如果可以的话，根据情况选择更好的方式。

　　随着时间的流逝、阅历的增长，人们总会往上走，承担更多责任，拥有更大影响力，也会更有领导风范。根据我的经验，很多时候，人们的升迁都是他们提出问题的直接结果。好的答案固然重要，但在这之前要有一个好问题来引导。而能问一个绝佳问题的人，必然需要学习如何更好地提问。

　　一位就职于某高科技企业的开发实验室的研发专家经常被请到经营总结会、年度预算会以及很多管理层组织的讨论会中。他认为老是被邀请去听一些跟自己本职工作关联不大的管理层会议，有点浪费自己做研究的时间。不过，接下来你会看到，正是这种用人方式，给企业管理带来了非常好的效果。

　　由于并非专职管理者，这位专家的观点非常不拘一格，有时提出的问题得让人沉思好久。渐渐地，这让他变成了企业管理过程中不可缺少的一个角色，尽管他也没有什么想要参与管理的意思。不过，他所问的问题全部是他能问到的最一针见血的问题。所以，从不担心让谁难堪，也不怕自己说什么会带来严重后果，他只管去想当前议题中最让他有欲望说两句的地方。这么肆意妄为并不会给他带来任何损失。因为越早在管理会议中抓住被遗漏的焦点，以及像他的口头禅那样"找到引起争论的傻瓜"，他才能越早回到自己的实验室，继续手头的工作。他似乎也不在乎是否会因为言辞激烈而被炒鱿鱼，因为工作了这么多年，他都已到了开始领退休金的年纪了。这么一来，最直接的一个结果就是，大家在每次会议前都假定他会参加，这让大家如履薄冰，在会前做很多准备工作。

> 其他人可能会问，也可能不会问。如果现在需要提问，那么请大胆问。时机不合适，可以推迟提问，但没有一种时机可以让你将重要问题无限期延迟。

最终，每个人都从会议中受益。管理层的整体受益，表现在会上展现了足量的信息。每个参与者的受益在于，他们做了足够的功课，不用担心因准备不足而带来的尴尬。

所以至少在这个例子中，大家实际上在依靠一个"外人"提问，因为这个组织当中有一位"外人"。

18. 保留问题：留到下回再问

实际上，没有比你脑中浮现出问题的那一刻更适合提问了。即使以语音留言的方式提问，不知道对方何时答复，提问也还是越早越好。管理者需要掌握的经验法则之一，就是要尽早、尽可能多地问问题。

前一节我们讲到，如果时机不对，可以将问题延迟。但所有的管理者，一旦进入管理岗位，就会很快发现，这种情形太常见了，几乎有很多问题需要推迟。

所以，把更多的问题留在现在——是的，趁你还想得起来，现在问是最好的选择。当然，可以缓一缓再问问题，但是，不要"留到下回"。

把问题留到下回，表明还不是很迫切地想知道这件事的答案。问题这个东西，毕竟不像金钱那样，可以存到银行等着收利息，工作还需要通过这些问题去创造更多价值、更多回报，"留到下回"，会损失更多。

前面还提到，与回答者的一通电话，或者一刻钟的面谈，是最好不过的沟通方式了。如果条件不允许，邮件或书面文件的形式也是可以接受的，但这需要你尽快去做，不要等到形势改变再提起这些事，到时它的重要性可能就不如以前那么大了，你的提问效果就会大打折扣。所有的组织当中都会有质询者的角色，但并非所有的质询者都是管理层，有些是董事会的，也有些是研究人员，如果他们不能问到关键性的问题，那就应该由你尽快补充。

不过，还有一个例外，不适合"想起来就赶紧问"原则，那就是：任何情绪化问题、任何有意中伤别人的问题，都需要推迟提问——这非常必要。这都是些什么问题呢？

我们都能举出一些例子来。

"你说你算哪一种白痴呢？"是我能够想到的最伤人的问题。我曾经目睹一位高级经理在一次下午的经营总结会上大发雷霆。他指着一个中层负责人的鼻子狂吼。这位负责人刚解释完为什么他在没有经过验证的前提下，就给某个制造基地拨了1亿美元的新设备上马款额。正常情况下，公司要建立一个小型试验车间，来检验新设备的运作。但这种小车间会花费 2 000 万美

> 虽然问问题不能保证不会产生其他问题，但如果不问出来，小问题势必会演变成大问题。

元的费用，对于一个利润很薄的企业来说，是笔不小的开支。但是，假如没

有检验，到时候出了事，可能会损失 2 亿美元，甚至更多。

"因为项目回报巨大。"这位负责人回答道。这个"明智"的负责人，将公司的资金作为赌注，去投资没有经过验证的设施建设，并且被提升为副总。不过设备最后没有上马，因为设备生产过程漏洞百出。如果当时高级经理能抑制怒气，平心静气地解决问题，没准就可以避免现在的讽刺结果——被另一个想用其做大型试验车间的企业收购了。

19. 我的问题会引发争议，而引发争议的后果很严重

根据你对提问时机的把握程度，你的问题确实可能引起风波。但是，如果你是本着对企业负责的态度提出问题，虽然可能会引起争议，但最好能尽快提出来。当然，这是些利他主义的想法。

我从不鼓励任何人牺牲自己的前程，去冒险问一些可能引起轩然大波的问题。但是，有些时候，现在的风波总比以后的飓风要强得多。想想环球电讯、安然这些公司，它们毁了多少人——让总裁入狱，让无数辛勤忠诚的员工受伤。

那么那些该问的问题哪儿去了？为企业运行负责的那个人做了什么？那些失常的财务数据（不管是偏高还是偏低）为什么没有人质疑？也许有人努力去质疑了，也引起了风波。也许没有一个人这样做。我们永远也不会得到答案了，尽管会有人在以后为这些事件写一些商业案例。在很多情况下，我们还是可以抓住机会，让人们知道引起风波也是有必要的。

有那么一次，一个被忽视的问题拯救了一家企业。当然，这也是个会让

你离职走人的问题。

　　一天下午，我被叫到老板的老板——比尔的办公室。这也没什么不寻常的。比尔和所有人的关系都非常紧密融洽，以前就叫我去过办公室很多次。但这次，唉，我只能说这次让我吃了一惊。

　　早上刚结束的一场项目总结会里，我针对他很希望赶快上马的这个项目，提出并质疑了一些潜在的风险。这对我来说是很平常的事——我也会质疑自己的项目。我当时的任务是为新研发的产品开拓市场，而这个市场的消费者对任何产品缺陷都会十分敏感——因为这是医疗市场。

　　因此，我的日常习惯就是，根据详尽的市场研究结果，就消费者关心的重要产品细节，对产品团队提出质询。虽然我平时跟自己的产品团队共事比较多，但偶尔也会与其他的研发团队一起工作。他们都对我的工作习惯了如指掌。

　　当时，我参加的是"另一个"项目的总结会，这个项目虽然不是我的，但对公司来说是非常重要的项目。实际情况是，这是公司优先发展的一个项目。而我的产品团队也在为公司另一个优先发展的项目忙碌着。[①]

　　我在他的办公室落座，然后他开口了："我给你看个东西吧。"没多大工夫，他在纸上画了一个站在树后面的人，这个人举着一把步枪，子弹已然冲出枪膛。他的这幅画让我到现在依旧印象深刻。

　　"你觉得这个场景看起来熟悉吗？"

　　"不熟悉啊。"

---

① 从这个例子当中，还可以学到另外一个管理经验：一个企业中不可以同时存在两个同等优先发展的项目。管理层必须做出取舍，然后用最看好的人选，配备能力最高的员工。跨项目共享人才的做法，由于凭空制造了个人层面的挑战，会给团队带来麻烦，正如案例中所说的那样。这家企业的基本做法是，我的那个第二"优先发展"的项目，领先于那个对企业未来发展至关重要的项目，提前进入了市场。所有人都注意到了这一点。结果两个项目的产品在市场上的表现都不是很理想。

"这不就是你吗？"他指着这个狙击兵，问道。

我哑口无言。我不知道他在想些什么，当然我知道一定不是什么好事。他画得太好了，他可能忘了自己真正的使命是什么了。

"你在朝着团队射击啊！"噢，这回我明白了。我变得有点低落，对他做的这个评价有一些错愕。

"比尔，没有。我所有的质疑都是基于整体的观察——是光明正大的。我没有朝谁射击！"我站起身，走出了这家伙的办公室。我都已经被这家公司开除过一次了，即使再被开除一次，我也不会在意的。这个团队要做的产品现在还存在很多明显的缺陷，他们需要有人来质询。市场上只要有一个产品出问题，那么就不仅是影响这个产品的事了，我们的各个产品线都会受到影响。对我而言，这是再明显不过的一个要被辞退或调离的信号了。这场狙击战是他们对准了我，而不是我对准他们，他们赢了。

过了两个星期，一个调令传到了我这里，那是公司里一个完全不相关的部门。不过，这次调离算是一次升职。离开了几乎就要乱成一团的旧岗位，我觉得很开心，新的职位我也很喜欢。当然，这样的升职方式也没什么好值得自豪的，它差点让我丢掉工作。

比尔最想上马的项目承受着成本超支、工程延期的巨大压力，在投向样本市场后，市场反应也不太理想。企业

> 我在法国旅行的途中，想在一家面包店中买点羊角面包。店里的面包师傅想让我对店里一些大型的昂贵面点产生兴趣。但那时，因为预算限制，我的腰包开始缩水了，所以我礼貌地拒绝了他。
>
> "我暂时还不需要那些，谢谢您，"我说，"但我会做个好人的。"我从兜里掏出了一部分钱。
>
> "哎，对我好的事，未必也是对你好的事啊！"这位法国师傅说道。
>
> 师傅所言极是。

受此事的影响也比较大。他先前压下了很多重要的问题，只是为了让他喜欢的项目如期开展。最后，再尖锐的批评也无济于事。母公司把这部分业务转让了。

如果预感到要问的问题可能会引起一些人的抵触、争议，那么关于提问的经验法则是：考虑一下哪些事正在紧要关头，然后，想想风波可能会有多大，以及如果不问这个问题，后果又有多严重。

接着就可以问你自己了："如果引起风波可以拯救公司，防止灾难，那可能就意味着拯救自己的饭碗，这会是件坏事吗？"可能是坏事，就像上例中的我一样。但即使我因为提问的关系被调离了，其实长期看也没有什么区别，因为最后几乎所有在那个新项目做事的员工都丢了工作——所以这只是时间的问题。

20. 标准化缺陷[1]

这个关于高科技领域提问的案例，是我们直接从美国国家航空航天局得到的。

一个问题或缺陷常常会因为太频繁地出现，让人减少了去质疑它的兴趣。因为这是一个很"标准"的常态化问题，所以潜在的问题就一直没有再被问

---

[1]　这个名词表述引自 2003 年 5 月 22 日《华尔街日报》头版一篇描述 NASA 飞行器调查情况的文章。

起了。如果你能列一些标准化的问题，那么你也把缺陷给标准化了。

这种表达起初是在关于航天飞机空难的官方描述中出现的。几乎每次发射航天飞机时，泡沫绝缘材料都会从飞行器上脱落一些。这些泡沫绝缘材料脱落下来就变成了射弹，它们会击中航天飞机的薄弱部分。这被看作航天飞机发射时的一种正常现象。

管理者、科学家还有工程师都没有坚持去质疑这种缺陷。他们会预期这件事的发生，认为这只不过是发射时的一种正常现象。直到灾难来临后，整个航天机构才会把自己的得意甩得一干二净。在商业领域，这种例子也很常见。

我知道一家非营利机构，它们平时总会发生支票丢失的事情。其实它们并不是失窃了，只是工作人员粗心地放在了别的桌子上，或者塞进了不相干的文件里，或是放在信封里——好几年没人动。而这家机构对这一现象也习以为常，毕竟支票丢失的数额很小，而且每天还会有稳定的大量支票进账。大多数找不到的支票确实面额很小，但随着时间的流逝，这些支票累加起来，已然是一个可观的数字了。

> 即使找不到答案，也要像第一次那样，认真提出每一个问题。所有标准化缺陷都值得你去追踪和质疑！

第三章

管理技能的误用

21. 管理技能的谬误和滥用

尽管管理者能够很好地避免提问陷阱，能够追寻更真实的路径，摒弃有偏见的假设，但谬误还是会在不经意间溜进来。在这种情形中，管理者的管理技能的确得到了展现，但也许被滥用了。在拥有较好提问技能的管理者之中，以下四种谬误是很常犯的。

※ **假设了很多前提**。提问者提的问题如果有一些假设的前提，这些假设可能并不是实际情况。这是很难避免的谬误。因为你不可能把每个问题下面隐含的所有假设都拿出来解释清楚。解决办法就是要使用简洁明了的语言提问，同时要求回答也必须简洁明了。

※ **问太多不重要的细节**。他们可能已经在提问过程中忘掉了自己究竟想问什么，有时候问题甚至会影响到提问的焦点。如果细节问题同讨论、会议或报告主题密切相关，对于决策过程十分必要，那么它才具备重要性，才有必要去追问。如果它不涉及重点，仅仅是因为一时兴起或好奇，这意味着即使问到了什么东西，你也不会用它来做什么，

那么尽可能不要在上面浪费时间了。过分钻牛角尖的问题，可能不那么受人欢迎。

※ **想当然地想问题。**想法一股脑地涌现，然后又慢慢地消散。你想当然地去看待一些事情。所以你该去好好地作个提问了。

※ **"专家型"管理者。**不要表现得像个专家，除非你确实是专家。例如，在管理层同科研人员组成的小型团队中，作为领导者的管理层将问题抛给团队，而不是直接去要求一种结果，从团队效率来看，与同时掌握提问和答案话语权的管理层相比，肯定是前者要高很多。

22. 你的提问是不是权力的滥用

这是企业质询的一个变种。质询充满了权力的味道，除了本书开头讲到的那位手握"三叉戟"的管理者所主持的会议，它还会发生在其他更多场合。权力的滥用可能掩盖在追寻答案的外衣之下，最终的结果不但对企业经营没有什么太多的好处，也使得质问者本人越来越像个恶魔。

很多管理者滥用职权很大程度上取决于他们的职权等级。如果这些问题被他们用到平级的同僚身上，他们会非常难以接受；如果把问题刊登在《华尔街日报》（*The Wall Street Journal*）头版，他们本人也会难堪不已。看一下下面这种情况。

一家企业的团队成员正在向公司领导———一位高级经理展示一个新的战略计划。这是一家作风相对严谨的企业，各种数字都会被反复检查，所有的乐观态度都要被降一个等级，它反映了他们对于风险的厌恶。而这位经理比较特别，在她的同事中算作异类。同那些跟商业银行职员有相同特征的其他高级经理相比，她的做派更像个枪手回忆录的作者。她在快速升迁到公司高层之后，开始被组织中的年轻员工所熟识，他们给她营造了一种战无不胜、影响巨大、拥有权力的形象。

她比较倾向于用乐观的态度行事，并且喜欢投机行为，工作的时候经常会秉持"让那些数字见鬼去吧"的态度，奋力一搏。幸运的是，对于公司来说，她总是那个被证明正确的人，她所承诺的预测数字总会很好地实现。

以下是当时的一部分对话。为保护当事人，名字和具体个人信息都被替换了。

高级经理：根据你的预测，我们企业年收入最多能达到什么水平？

中层经理：我们预测的话，大约能达到 8.5 亿元。

高级经理：就这些？你们不相信自己可以做得更好吗？（用拳头敲击着桌面予以强调）

中层经理：这是一个保守的估计。我们认为会有相当大的增长幅度，不出意外，会超过 10 亿元的。

高级经理：喂，有点信心好不好？就不能对我撒个谎吗？在你们的计划里面，就是这个数字吗？（张开双臂，手掌朝上，好像在比划她刚捕到的大鱼）

这是一个不恰当的提问过程。即使用一种轻松调侃的语气问出来，时间久了，也会造成谬误。而且，这里有一点——这位高级经理竟然在请求中层经理撒个谎。她请求对方给出一个毫无根据的预测数字，而这种行事方式丝毫没考虑到公司以及大部分在职员工的作风。

有些人可能会说，这位高级经理数年的成功已经造就了她的胆识，也就是说，每次发现机会，她都能敏锐地去把握并带来实质性的进展。情况可能如此，但是，她数年的成功也有可能是意外所得——仅凭运气。并且设想一下，要让这么一位名气大、评价好的领导者对组织内部各层级的员工和追随者施加影响，会产生什么效果。

如果你听到了这种激将式的问题，那么先逃到屋外透透气吧。当美国证券交易委员会（SEC）[①] 的工作人员过来调查情况，恐怕你也不会想要和这样的管理者站在一起。到时她很可能指着你说是你对她撒了谎。或者，假如你对别人问了这种问题，那么你就有可能被送去进行行为矫正。[②]

你可以并应当鼓励人们去畅想、推测、奋斗——这些都是正面的行为方式。但是，在任何情况之下，如果提问只有一条规则的话，那永远都是"不要逼人家说谎"！即使是开玩笑，在商业领域中，这种话也是有潜在危害的。玩笑有时候只不过是表达真实期望的替代品，所以，类似的话还是留给喜剧演员说吧！

对这个不恰当的问题"就不能对我撒个谎吗"，最恰当的回应就是"我并不能对你撒谎，我也不会撒谎"。当然这个表述本身就是在撒谎。每个人天生都能撒谎，除非你是神仙，或者是机器人。[③] 但即使说这个谎话，也比说那种真正的谎话要少很多麻烦。

接下来的故事是这样的。

中层经理：我们有数据证实，一段时间以后，收入会增长到 10 亿元到 20 亿元之间，但这得需要各个环节运作良好。

---

① 美国证券交易委员会在其网站上写着："本委员会的使命，就是保护投资者合法权益，保证市场公平、有序、高效运行，促进资本有效融通。"在这样的监督之下，你就会明白，案例中的这种管理行为对公司有多大的潜在危害了，它可能会以一种零责任和高风险的方式，慢慢地将人们引入歧途。

② 指控别人或者被对方指控，挑一个吧。行为矫正用在因不良习惯而违背社会行为准则的人身上。

③ 伏尔甘（Vulcans）这样的罗马神话中的神，虽然不能撒谎，但还是可以做出一些具有迷惑性的行为；机器人也可以通过程序设定进而撒谎，所以，唯一能够谈生意的地方只有科幻片《星际迷航》（*Star Trek*）里的虚拟会议室了。

高级经理：我可没什么耐心听下去了。"一段时间"是多久？我要现在就找到能对这个计划产生兴奋的那个点，才能支持你们。但我对你们的预测不兴奋。牛皮不能吹大点吗？从整体来看，把非目标市场包括进去的话，目前市场规模是多大？

中层经理（环顾自己的团队伙伴，发现他们都低头无视他内心绝望的挣扎）：市场规模，北美大约 90 亿元，全球的话，150 亿元。

高级经理：你刚才也说了，市场每年能以平均 10% ~ 20% 的速度增长？

中层经理：对。

高级经理：那你的意思是，你没信心看到我们在全球市场上占据领导地位（双手合十，像是在祷告）？

中层经理：不，我们可以的。

高级经理：好。那么你能预期的最大数字到底是多少？

中层经理（最后环顾了一下团队伙伴，发现他们都像自我催眠了一般无动于衷）：40 亿元。

高级经理：嗯，现在我找到让我兴奋的点了（她的食指在空中重重地点着，来强调自己说的话，同时又好像在用手狠狠地戳着中层经理）！这是非常让人兴奋的计划！

此时，这里正在酝酿着什么风险呢？高级经理的表现，让人觉得好像这个数字已经实现了一样。更糟糕的是，整个团队都试着让成绩接近这个新数字，但他们显然并没准备好。那么接下来呢？

高级经理跃跃欲试。她开始宣传自己的新计划，说得好像近期马上就会达到 40 亿元收入一样！整个团队为了保住饭碗，不得不硬着头皮完成计划，去支持这个毫不实际的谎言。他们招了人，做了详细的推进计划，还投入了很大一笔资金，手笔之大，简直快要让人去相信，那 40 亿元马上就会在公司采购商下次进货的时候顺利到账了。不过，在耗尽了公司数以百万计的投资之后，这个项目开始崩溃，以失败告终。

> 问题有时很有威力——特别是被管理者运用的时候。任何处在管理部门的人都需要意识到这一点。

高级经理现在已到另一家公司就职，而其他中层领导和剩下的员工，现在也差不多都走光了。

现实中，权力的滥用并非全都像本案例中这样显而易见。这些滥用职权的行为，可能是不易察觉的，发生在很轻松的环境中，甚至伴随着幽默的谈吐。利用权力去提问的表现是，仅仅因为提问的人在组织层级中占据比较高的位置，他就能迫使其他人做出各种被扭曲的回答。

用一些简单的法则来检视你的问题。虽然你可能觉得自己并没有利用在办公室的权威，下列问题的答案，也许会给你一个全新的认知视角。

※ 如果这个问题登载在如下期《华尔街日报》的头版，你会有什么感觉？

※ 在之后可能的纠纷中，你是否愿意当事人引用你当时的问题？

※ 如果相同的问题由你的老板问你，而不是你问你的下属，你会如何回答？

※ 你是否需要大量的铺垫，来说明这个问题的合理性？

※ 你是否告诉对方不要把问题看得太重，尽管放轻松回答就好了？

23. 有没有哪些问题需要闭口不问

有，有一些问题的确不需要开口去问。

有一些问题，除非在特殊情况下，几乎需要你停止提问。我将这些问题分为几个类别，列在下面（同时附一些案例）。大多数都是尽人皆知的常识，例如，第一类是避免提出恶意中伤别人的问题。

其他的问题会很微妙，例如偏见性问题——问题中的某部分隐含主观判断，而这种判断毫无必要。请试着避免以下这些问题。

贬低、轻视、羞辱或对他人造成伤害的问题

问：其他人都能弄明白这件事，你是哪根筋搭错了？

问：你为什么老爱用黄色的纸呢？（我个人挺喜欢用黄色的纸，因为眼睛会比较舒服。有次我的上司在老板面前问我这个。虽然觉得他问得很没水平，还是换了绿色的纸。结果他也讨厌绿色。）

个人化的隐私问题

问：你家孩子常生病吗？

问：阿特，这些报告很难念吗？你是不是有阅读障碍？（这来自一个权力滥用者。他对我们的一个分析师问这种问题。）

没什么信息量的无关问题

问：你觉得我的鞋怎么样？

这是"你觉得我穿这个显胖吗"的另一个版本。管理者不能从他们的下属那里寻求关于个人的判断。除非你是色盲，分不清领带到底是灰还是蓝，或者你和同事私下关系亲密，否则最好别去问人家你的领带打得好不好看。

问：你觉得这次全日制研讨班能开多久？

问：市场明天几点开门？

肯定或否定都是一个意思的问题

问：你觉得咱们这件事是做还是不做呢？

问：是不是这样的？

以反问或否定的方式提出问题

问：我们就不能好好把这事干完吗？

问：没有什么办法能解决问题了吗？

问：你不喜欢它（或那个、我、狗、任何事）的哪些地方？

这种问题确实可以引发人们去深入思考，但其方式好像在把回答者定位成一个牢骚满腹的人。没人喜欢爱抱怨的人。

最好按照事情本身的样子去直接发问，避免透露出否定的、消极的含义。

可能违背你初衷的问题

有一些问题在你问了之后，回答可能跟你想的完全不一样。例如设问句，可能会引来令人难堪的回答。

> 问：你当时很想放弃和史密斯的交易，是吗？
>
> 答：是的，当时确实这么想的。我很不喜欢史密斯，他喘气的时候像只猴子。

偏见性问题

问出带偏见的问题，会造成双方的对立和争执。这种问题会给担忧未来的人带来更多烦恼。可以说，这样的问题，在组织层面和个人层面，都是没有好处的。真的会有管理者故意去问一些伤害性的、让别人不舒服的问题吗？很不幸，实际案例很多。我曾听到一位总监级别的管理者对一名高级经理提出以下这样的问题。

> 问：怎么那些没能力的最后都聚到你的团队里面了？

一次性问太多的问题

多少算是太多问题？连续一小时，每分钟都提一个问题，很显然就算很多了。当然，根据具体情况会有所差别。

对所有事情做出一个片面评价的问题

只要有一种问题提出来，再能说的人也会立马闭上嘴，不想再回答任何问题。如果在这同时，还添上点讽刺的意味，那本该好好商量的事情就没办法解决了，双方关系受损也在所难免了。

问：你提出的那些意见是什么东西啊？

问：就那些吗？

我曾目睹一位副总在部门管理团队的会议上对一位部门经理说了这样的话。瞬间，两个人在团队心中的印象都减了分：副总暴露出了他的冷酷无情；部门经理则会因为明显不能处理管理方面的问题而离开了团队。这很可惜，毕竟现有的团队由她组建。因为一个问题，两个人失去了人心。员工从此对副总开始有所防范，那位有天赋和经验的负责人也辞职离开了。

含糊不清、引发歧义、让人茫然的问题

有多少次，你的问题需要重新组织语言再提一次才能被人理解？有多少次，你发现某人正按照他的思路回答问题，然后就被提问者打断，需要重新听一遍提问者本来想问的问题？

问：这种长期趋势意味着什么？

你到底想要问什么？这类问题常常得给出一点明确的回答范围，才能得到有价值的答案。

复杂、嵌套的问题

为什么有人觉得有必要将两个问题嵌在一起，然后问一个相当复杂的问题？真的有这个必要吗？大多数商务会谈并不是总统新闻发布会，所以发问者也没有被限制只有一次提问机会。那么就请问完一个问题之后，再去问另一个问题。

问：软件程序包将在什么时候在哪儿发布，以及为什么没有按照预定的时间表正常发布？

问：你说蛋白质需要先净化，那么我们是否需要把这种理念贯穿到整个药物开发环节，或者我们在寻找净化溶剂的时候，会不会让生产过程变得更困难，这些问题怎么都没有在你的报告中出现呢？

> 先去问问题对于企业的价值体现在哪里，它是否能满足前面提到的要求？你是否已经明晰、简洁地完成了提问？

带负面含义的嵌套问题

将两种有谬误的问题放在一起的做法也应该避免。至少这会让回答者觉得相当混乱。这种问题很难清楚地作出回答。

问：你的报告上说你们的生产线因为配件仓库延迟发货而不能满足生产目标，而之所以这样写，是因为你们的产品遇到了研发难题，你们现在还没有解决方案，是这样吧，我说得对不对？

暗示回答者不良品性的问题

问：你能告诉我你真正的想法吗？（好像怀疑他们会给你不真实的想法似的。）

问：这个你竟然都还不知道吗？

为自己发问作很多解释的问题

不要用任何辩护性的方式去粉饰你贸然提问的合理性，这会让问题偏离重点，最后还让人觉得你的问题确实有点不合时宜。

问：原谅我贸然提问，就是……

问：我真不想问这件事，但是……（如果真的不想问，就不要问。）

问：虽然可能会冒犯到你，但无论如何我必须得问您……（那先找一个不会冒犯对方的方式啊。）

第四章

提问进阶

24. 能提出好问题的人具备什么样的素质

19 世纪最负盛名的律师之一弗朗西斯·威尔曼（Francis Wellman），在他的著作《诘问的艺术》（*the Art of Cross-Examination*）中，讨论了一位优秀的质询者应该具备的素质。虽然这是一个世纪以前的研究，但这些必备素质对于今天的管理者来说，同样值得参考借鉴，因为和律师一样，优秀的管理者也必须是"专业的提问者"。

结合需要使用提问技巧增强工作能力的人以及当代管理从业者的具体要求，威尔曼所提出的这些必备素质包括以下几个方面。

※ 注重持续跟进状态。对管理者来说非常重要的素质。

※ 识别个人性格的能力。这种素质使得管理者可以依据回答者的特性选择有效提问。

※ 应变执行能力。管理者必须懂得如何针对答案作出迅速反应，并且利用现有资源作出承诺。

※ 发现薄弱环节的直觉。这种素质在各个需要提问的环节中都有用。

※ 崇尚设立激励因素。每个企业都是随着不断设定针对企业本身、管理层、每位员工的激励目标而不断壮大的。

※ 优秀的天分和敏锐的商业头脑。这种素质实际是一些能力的组合，可以为你要提的问题提供非凡洞察力。

※ 清晰明确的认知。这种素质让提问者能够持续聚焦矛盾焦点。

※ 全面的知识储备。对于善于提问题的人来说，这种素质可以让你明白哪些才是真正的未知因素。

※ 创造力和发散性思维。企业运作如同没有台词本的演出，设定目标时需要灵活性和创新性。

※ 足够的耐性。每个人的头脑灵活性不一样，所以要在讨论中留出足够时间，让提问更有效。

※ 有逻辑的思维。寻找答案需要一个缜密的过程，这通常意味着先问一系列问题，然后慢慢追踪尚未搞清的细节。

※ 自控力。当其他人都失去自制的时候，你必须能够掌控自己。

※ 谨慎。谨慎是一种评估、理解、反馈外在环境风险的能力。

25. 你为提问做好准备了吗

　　有些人在一场会议或讨论开始前会提前做些功课，而有些人却没有这个习惯。虽然这并不是优秀管理者必备的基本素质，但是做足准备，在很多场合中都会受益。管理者们参加各种会议，阅读很多报告，听取很多信息，然后大部分人会以此为基础作出反应。很多人没有准备问题，也不准备到场发问。不过其中一些靠着自己多年的经验和优秀的素质，确实取得了成功。

如果一位身居高位的管理者手下有一个强大的中层智囊团队，那么他很有可能利用这种优势，不必亲自做功课。因此做足准备这件事，并不一定是每位管理者必做的事情。

我只见过两位不做准备，但却有着卓越管理方式的高层管理者。其中一位是来自一家健康护理机构的领导者。他在参加会议前从不了解会议议题。他会让参会者轮流发言，然后请他们就目前议题继续开展讨论，直到他内心形成了自己的问题，转而掌控会议局面。多年的工作经验让他积累了各种状况的案例，他可以根据需要，识别问题的类型、议题的相似性，然后调用自己的这些经验累积，指导大家解决问题。他的这种习惯被他所有的同事熟知。但是，他让人们想当然地认为自己没做准备的同时，又会随机挑一些会议，偶尔做一些功课。因为他的下属们永远不能确定他什么时候会做准备，所以他们在准备所需数据的时候绝对不会掉以轻心。他是绝不会容忍其他人像他一样不做准备工作的！

第二个例子，是从一个教育家那里得到的，与其说这位管理者真的没做准备，不如说她只是看起来没做准备罢了。这位管理者在议题之间转换自如，只带着一个很小的记事本，而且几乎从不打开。她会问一些有深度的问题，虽然看起来不怎么做笔记，但是殊不知，她会在前一天阅读大量相关的信息。

这两种"不做准备"的做法并不推荐给大多数管理者。毕竟这两位管理者都是经验丰富的前辈，一方面，他们有数年工作经验的积累和准备；另一方面，他们对信息有着近乎饥渴的追求。所以即使他们看起来没做准备，实际已经有所准备了。

与此同时，在一些场合中，需要你去做的一件关键的事就是作出反应。这可能包括对付各种员工的抱怨、谈判中未预料到的杀气、管理层突然的变动，抑或让管理者陷入特殊境遇的对立冲突。我在书的开篇提到的那个人物——"王大厄"工程师，会在决策会议上最意想不到的时机，向领导报告一些坏消息。但是，在大多数情况下，做好准备，能够提高互动和沟通的质量。

下面是我对管理者在为提问工作做准备时的一些建议。

※ 论文、会议、演讲、报告、语音信息、电子邮件或其他沟通手段，使用这些沟通手段的目的是什么？

※ 你为什么参加、阅读、倾听——你扮演的角色是什么？

※ 要准备的问题：

为什么特别邀请你加入？

其他人对你的角色有什么认知？

我们期待一个怎样的结果？

我所了解的其中最重要的议题是什么？

我希望从结果中知道什么？

※ 那些重要的问题都被写下来了吗？

※ 大家想看到什么结果？

※ 如果你得到了答案，你会如何做（特别是面对没有预料到的答案时，要如何做）？

如果你打算从记的笔记中寻找疑问，那不去想上面这些问题也是可以的。准备一个问题清单也是一个很好的习惯，这么做会让人觉得你提前做了很多准备。但是，对着问题清单去提问也会让你过分关注问题的提问形式——你会更在意如何选择更恰当的词语，却忘了"问一个准确的问题"才是最重要的。

26. 提问的目的是什么

提出问题，貌似简单的行为，最终却会造就一种意想不到的微妙又高效的管理策略。

——*约翰·巴尔多尼*（John Baldoni）

约翰·巴尔多尼在其撰写的专著当中，试着总结了管理者提问背后可能存在的动机。这些可能的提问动机被总结为一张列表，但是，它们最终被可以问出来的问题的数量限制住了——因为动机永远比问题多，可以说动机是无限多的。如果不仅去考虑作为提问者的你在想什么，还去研究聆听者和回答者，他还会读出你的问题中那些无意识的各种推断、话语中隐藏的层层含义，以及揣摩问题透露的管理策略。这样事情就会变得更加复杂了。

你为什么去提问？这是我们首先要搞清的事。对你来说，这可能很难说清楚，如你要对一个隐隐存在的疑问做一番探究，这关乎直觉；也可能会很简单，比如你只是想问一下现在的汇率。

因此，所有的特定问题都是基于某些一般性的情形、场合和事件来问的。

一个问题背后的一般性背景，往往在企业的任何分工领域中都是存在的，包括策划、市场、制造、销售、服务、技术支持、人力资源、财务、研究、开发、信息，或者其他的特定岗位，如废物处理等。

而企业在提问当下所处的情况，又是这个一般性背景于一个方面的表现，正如你在组织架构中处于某个职位一样。稍后，我们也会提到关于管理者角色的附加议题。

动机的第二个要素，在于你想通过问题得到些什么。当你提出问题，你就在表明自己的七个目的。你的大脑会瞬间闪过这些要点：

1. **数据**。我需要知道什么？

2. **专业性**。我足够专业吗？

3. **时点**。为什么我需要现在知道？

4. **对象**。此人／此类人是提问的合适人选吗？

5. **引申和推断**。问题可能带来的结果是怎样的？

6. **反应**。面对答案，我应该如何作出反应？

7. **态度**。我应该以怎样的方式去提问？

这个决定你提问、满足你需求的内心过程，通常会快速而高效地在头脑中运行，大部分时间都是潜意识行为。很少有人不经过大脑中类似的思考，就直接提出问题的。但是其中有一点经常会被人们忽略，总是在已经把问题脱口而出之后，管理者才会开始想到这一点，那就是问题可能带来的结果是怎样的。

提问的沟通过程会涉及很多信息的传递，心理学分析并不是我们此处的讨论重点。但我还是看到过有管理者下意识地去拉回那些已偏离目标主题的问题，企图引导大家顺着问题的脉络去思考问题。一位管理者可能非常希望能够时刻牢记自己想要做的事情，即使不说出口，也要将其贯穿到整个提问中，这种理念是很值得提倡的。相反，不关注重点的散漫提问，才是最应该避免的做法。

巴尔多尼提出了很多提问的一般动机，像了解基本情况（"勘察地形"）、做出计划、解决疑问、转变思路等。但最值得一提的，还是他提到的两个附加动机：一个是用问题挑战现状；
另一个是用问题鼓励思维碰撞。

在事情遇到瓶颈或一直没有
起色时，基于这种动机的提问往
往不容易出现。既有的决定没人
敢于挑战，"大象"进入屋内也无

> 永远要记得，管理者需要清醒地认识到提问的目的。管理领域的所有问题，除非是奉命为之，不管你有还是没有，都要附有一个特定的动机。

人提醒。尝试用问题及其创新的思维火花，或敢于对一直不温不火甚至持续
走下坡路的事情做出质疑，那么这种批判性的思考方式定能带来极大的价值。

你很有必要带着对想要强调的重点的深刻认知，去完成每一次提问。当
管理者想要对计划、战略提出挑战，他必会言及挑战的目的，而这本身就是
问题的一部分。否则，管理者冒着风险所做的事，反而很可能会损害战略的
继续执行。

27. 有些词语会比别的词语更重要吗

对于措辞的选择，最需重视的地方就是，保证提问者想问的东西与回答者作
答的东西保持一致。

——斯坦利·佩恩（Stanley L. Payne）

斯坦利·佩恩是现代市场研究理论的奠基者之一。正如他所讲的那样，
选择措辞是非常重要的。你也许会对此不屑一顾，觉得没什么了不起，但是，
想想你曾有多少次听到过提问者在问完问题后，接着又得来做个补充说："是

否能让我解释一下我想表达的意思？"为什么会出现这种情况呢？为什么需要听完问题之后，还得再听一遍解释才行？有一些人已经把这当成一种日常习惯了。

他们可能是要把这个"解释的机会"作为一个托词，利用这个机会，他们能继续整理自己的思路，从而保持对讨论的控制，或者，他们压根就没有做好准备。但问题本身真的没有必要等解释清楚之后，再被大家理解，问题应该保持足够的明确。在沟通之前事先选定一些词语并加以使用，会对问题的表述非常有帮助。

一些常用的词语对于管理者提高他们的问题大有裨益，同时也可减少无谓的解释。佩恩在他关于市场研究的著作中提到了一些可以应用的词语，这些词语可以辅助提高提问效果，同时也带来更好的答案，例如下面的词汇和短语。

是否可以……

是否将会……

是否应当……

什么情况下……

那么……

这些词汇和短语可以促成许多开放性的问题。它们内在地暗示了提问者对于信息沟通的兴趣，而不止于为了增加某一个特定的答案。这些表达在讨论过程的前期是非常有用的。

也有人提倡使用"能够加深影响"的词语。这一类词语可以比其他词语更有力地对某一问题进行着重强调，从而达到增强提问效果的目的。律师有时也会利用这类词语帮助自己构建问题的意义，或者在准备论据的时候表达自身的意图。管理者当然也可以使用这些词语增强效果，形成在观众面前的整体印象，其中一些词语的例子如下所示。

> 问：能不能精确地描述一下这件事的脉络？
>
> 问：我们注册商标的计划能够被证实吗？
>
> 问：你确定这些原料是来自同一批货吗？

通过使用一些完全不一样的词语，你可以将现有的标准、原则、绩效考核维度等，在沟通的过程中加以着重体现。要做到这一点，可以考虑尝试类似下面的词语，它们可以用来强调你的问题的重要性。

> 问：你有没有按照要求检查了资本账户？
>
> 反例：你有没有检查资本账户？

> 问：这项工作有没有和标准行业惯例保持一致？
>
> 反例：你有没有遵守标准行业惯例？

> 问：你有没有做出正确的改变？
>
> 反例：你改正了吗？

> 问：那个任务你们几点完成的？
>
> 反例：那个任务你们什么时候完成的？

既然我们列出了"明智"的词语，那同时也就存在"愚蠢"的词语。在《凤凰城商业杂志》（*The Phoenix Business Journal*）刊载的一篇文章中提到了销售人员爱用的"愚蠢措辞"。文章中列举的词语在商业领域被广泛使用着，像"坦白地说"以及"说实话"这种例子，可能会让人觉得说话的人以前一直都没有在坦白地讲实话。

需要避免用到问题中的词语示例

坦白说	为什么一个人总是不坦白呢？
说实话	你的工作伙伴都想变成诚实的人吗？
最好的 / 最差的	需要定义"最好"到底是有多好？
很成功	需要定义"很成功"是有多成功？
好 / 坏	从这种描述当中能得到什么信息呢？
有风险	所有的事都会有风险，什么也不做也会有风险。

开放性问题确实需要很多维度的界定才能变得更加准确，但是尽管如此，这种问题的措辞如果还需要额外加以解释和定义的话，就应该考虑如何避免这种情况发生了。谁能确切地明白"最好的策略"到底是什么呢？你面前仅有一些可选的方案，而且这些选择都面临着市场的考验。商业领域无定数，因此策略的效果也会随时发生巨大变动。使用定性的一些词语提问，让回答者不得不选择用模棱两可的话做出回答。

管理者：在我的印象里，你向来能对销售作出成功预测。但这次，运过来的明朝花瓶只有一个完好，其他的都裂了，怎么还说这次交易很成功呢？

销售经理：没错，运来的花瓶确实只有一个没裂痕。但是这个仅有的花瓶已经送到我们最重要的那个客户手上了。

管理者：你说的"最重要"具体指的是什么意思？

销售经理：这个客户是总裁的丈母娘。

措辞的选择事关重大，一旦管理者使用了未经定义的术语，或者允许不明确的作答，那么事情很有可能会按照离期望值越来越远的方向发展。

在一家知名服务型企业的培训视频中可以看到一个证实措辞重要性的例子。这家公司将正派做人作为立业基础。视频中，一位培训官正在向他的客户服务员工宣扬一些表达方式，像"相信我……""我这儿有你最喜欢的""这是真的……"等很有问题的表达。然后，第一次观看这个培训的那些人依此去实践，没想到得到的却是一群潜在消费者的揶揄和嘲讽。

> 简单的措辞，重点突出，简明易懂，效果最佳。

所以不要去请求别人对你坦白，或者对你说真实的想法，这会很明显地暴露出你怀疑他们过去表达的想法可能是不真实的。

要认真对待所有的商业问询，要使用简洁、明确的语言。

28. 哪些才是"恰当"的问题

我的弱点是什么？如何克服它？

——鲁道夫·W. 朱利亚尼（Rudolph W.Giuliani）

如果有一个专门为管理者们反省自身而准备的"最恰当"的问题列表，那上面的问题肯定要高居在前了。这个问题需要管理者不断拷问自己。如果得出了答案，那么它可以指导管理者今后需要去针对什么、针对谁进行提问。

我已经提过了很多"不当"问题。但是，这些问题反过来，就能变成"恰当"的问题了吗？是否存在"恰当"的问题呢？如果简单回答，则答案是肯定的；仔细分析又会发现，万事万物并无对错，但我们可以从另外的角度去想这个问题。

恰当的问题是能够激发恰当答案的那种问题，它能够给他人带来潜在的影响。我们已经目睹了要求别人去说谎的做法如何让管理变为灾难，尽管这个案例中问题的接收者并没有受到太负面的影响。

恰当的问题应当是根据特定的企业需求，在恰当的时点，用和谐的方式提出来的，它可以自然地引出恰当的答案。关于如何寻找和提出恰当问题，已经有一些可得的相关资料可以参考了。

大多数情况下，恰当的问题是批判性思考的结果，正如尼尔·布

> 一切商业决定都用自己的方式影响着未来，就像很多创业计划书中写到的，过去的表现并不能保证以后的成功。实际上，由于重要决定过度依赖既往的经验，过去的成功很有可能为未来的失败埋下伏笔。

朗（M. Neil Browne）和斯图尔特·M. 基利（Stuart M. Keeley）在《问对问题：批判性思维指南》（*Asking the Right Questions*：*A guide to critical thinking*）一书中提到的那样。然而，提"恰当"的问题又是一种逐渐习得的技能。这是在一个职位上，经过很长一段时间，通过问答双方一系列的互动过程，才能达到的提问效果。

提问者对于所处情境的正确理解是一个关键所在，这有助于促成他对恰当问题的理解。能归类为恰当问题的问题当中，常常也是有多种选择的，每个恰当问题都会带来不同的可能性和结果，而选择其中的哪个问题，则取决

于你想要完成什么工作。

下面这些指导方针可以帮你判断恰当的问题是否已经成功浮现，或者还是需要用更有批判性的方式，继续思考你所面临的情境。

问题所包含的深意

你的问题是否直接同关键问题、企业战略目标产生了关系。

> 问：事实情况是，在12月初开始我们就一直在赔钱，这样下去，我们在这个财年如何实现盈利？

问题所提到的效果

问题和答案双方都有一种潜在效果，它们对企业的发展有所帮助。

> 问：既然我们的销量在直线下降，你认为跟隔壁的竞争对手签订协同制造产品的协议可不可行？

你已经很清楚自己提问的原因

> 问：我提问是想弄清楚这些事是怎么发生的，以避免我们今后再犯类似错误。那么请告诉我，错误出现在了哪个环节，以及如何避免它再次发生。

问题同现实境况相匹配

问题同现有的外在情况能够保持一致，管理者不会因提问丧失其权威，对于问题轻重缓急的把握也较为得当，问题本身也不会使所涉及的人感到不被信任。

> 问：麦丽，我们认识这么多年了，每次遇见这种状况，我都会听取你的意见。我们还有其他办法挽回订单吗？

知道在得到回答后去做什么

这一条适用于所有情境下的所有问题。

所以，为什么不能盲目相信你已拥有的技能、勇气和经验呢？在最紧要的关头，用你的直觉和过去的积累去选择最恰当的问题或者所谓的最好的问题，这种做法是否能确保万无一失？请看下面的语录。

我们的直觉让我们处在危险境地，因为直觉很可能就是谬误。直觉，大体上来看，是我们过去经历的总结。

——保罗·舒梅克尔（Paul Shoemaker）

29. 我们问的事情都很重要吗

我们可能都这么认为，自己问的事就是天大的事。但现实是另一回事。我们用音调、面部表情、肢体语言以及各种姿势去赋予问题绝对的重要性，然而很少有问题是真正关键的问题。这些问题属于哪种类别，决定了它的重要性和能被感知到的紧迫性。

企业管理者们一般基于以下三种兴趣提出他们的问题：

※ 短期影响企业的事；
※ 长期影响企业的事；
※ 新闻消息。

其中，第一种兴趣引发的问题是大多数人都能够做出快速回答的。第二种虽然是很重要的事，但是缺乏紧迫性，除非管理者赋予其重要性。其他不能划归到这两类的，就属于新闻消息类的问题了。

有些管理者总会把一些新闻消息提升到一种很重要的位置，但这不太值得。这只是个人的一类兴趣，关于新闻的讨论应该仅仅限于把它们看作新闻。有些新闻大家仅仅是喜闻乐见，比如娱乐、天气，还有体育。

> 问：你听说现在可以用机器人做前列腺手术了吗？你觉得这会不会影响以后的人口数量？
>
> 问：你怎么看某国的洪灾？（尽管在某国没有业务。）
>
> 问：你知道老板是洋基队（Yankees）的粉丝吗？

总是针对和企业的重要业务缺乏关联的事项提问，并且赋予它们重要性的话，可能会有两方面结果：一方面，有这种习惯的管理者给人的印象会是这个人注意力不太集中；另一方面，让人觉得天底下的事情都该有所关注，那么在真正需要关注某个焦点话题时，大家就会呈现散漫状态，进而产生消极的后果。因此，最好将紧迫的心情放在那些需要给予更高关注的议题上。

> 当你提问时，特别是对员工提问的时候，注意区分自己的问题属于哪一类，然后用相应的紧迫程度去问这个问题。

30. 提出问题的方式：形成自己的风格

态度，太重要。

——弗朗西斯·威尔曼

几乎所有关注提问的人都一致认为：如果你要亲口提问，请保证口齿清楚。包括在使用语音留言时亦是如此。可能你身体没有在现场，但你的声音代表了你的态度。

我制作了一张取得大家普遍认同的建议表放在下边，供大家参考。其中很多意见来自于用来指导律师的相关材料。在法庭上，律师们需要熟练的诘问技巧，否则他们的委托方会遭受损失；同样地，管理者也需要高超的提问技巧，否则他们的企业会遭受损失。

提问的方式

1. 口齿清楚。

2. 在提问时展现你的自信。

3. 保持好身体姿态，注意自己的肢体语言。

4. 如果无意去强调一些词语，不要过分强调。

5. 不要用太多最高级的词汇，除非你正在做结论。

6. 避免夸大和夸张的说法。

7. 围绕主题运用幽默，而不仅仅是让人发笑。

8. 说话简洁利落，直切重点。

9. 知道何时停止。

10. 认真听取回答，你可能需要立刻继续深入提问。

这些建议是非常基础的常识性建议。然而，由于习惯的影响，或者缺乏关注，完全做到这些建议中的事项并非易事。比如，你可以看看以下这个新企业的女总裁的案例。

每当她准备对团队的某个成员提出问题，不管提什么问题，她都习惯于双手交叉抱肩。基本上每次都会这样。她的同事会本能地绷紧自己的身体。尽管她的问题总是提得很高超，而且富有技巧，但这个肢体动作让大家感到焦躁，不由产生了自我防备的心理。好在用了几年时间，她改正了自己的这种身体习惯。

> 提问的方式以及其中展现出来的你的态度，和真正的问题沟通一样，都是构成问题的重要组成部分。

31. 你要强调的是什么

指导市场研究多年的斯坦利·佩恩指出，重音位置的不同，会引起问题本意的改变。

问题	强调的含义
你**怎么**能说出那件事？	训斥，意思类似"你说了那件事，胆子也太大了"。
你怎么能说出那件事？	其他人可以说那件事，但你不可以。
你怎么能**说出**那件事？	你可以想那件事，但绝不可以说出口。
你怎么能说出**那件事**？	不敢相信你竟然说出那件事。

仅仅重音的不同，就使得同样的一个问句产生了千差万别的含义。我在此提到这一点，也希望大家能时刻注意这个问题，同时在你构思自己下一个问题时，也可以通过利用重音，而不是增加词语的方式，为其增添意义。

本节我有意选取了"你怎么能说出那件事"作为例子，是因为曾经共事过的一位管理者经常将这个问题作为口头禅。他总会用最简短的问句发问，惜字如金。虽然他不是一个喜欢跟别人搞对立的管理者，但他的问题经常能够给人很深的印象，同时这种方式也让工作在大多数情况下都能顺利开展。

> 考虑一下，你提问时会将重音放在哪里。利用重音，你可以赋予问题更多含义吗？

32. 提高嗓门提问，可以吗

提问时，可以有许多正确的方式。接下来，是一位军事操练官对自己的新兵吼出的问题。

操练官：伙计，你的皮鞋怎么了？你是用板砖擦的皮鞋吗？

新兵：（额头沁出汗水，但同时因为觉得这个比喻太好笑，又忍不住想笑。）

操练官：你在笑什么，伙计！

无论一名新雇员的鞋子有多么邋遢，企业管理者都不可以当着他的面大声叫喊。有些人建议在任何情况下都不要提高嗓门说话。但我并不想这样要求大家。

如果遵循下面的一些原则，我相信，即使要吼出来，也没什么大不了。

1. 不要太频繁地提高嗓门，那么在你真正需要吼一嗓子的时候，别人就会注意到，并说："啊，从没听他这么大声过。"

2. 尽量不要对着一群人提高嗓门，那样会造成你和他们势不两立的感觉（除非你本意就是要这么做）。

3. 保证你说这话时的分量。在他们听力的范围内，让他们明白你在用大嗓门表达自己的想法。

4. 提出问题时，要正对着当事人，看着他的眼睛说话（或叫喊）。

5. 不用有所抑制。既然已经想发泄一番，那么就这么做。

6. 用一些夸张的反问。反正人在大吼的时候发问，并不是真的想要答案，不是吗？

7. 不必对着想要辩驳的人继续大喊，把你夸张的反问留下就可以走了，也不用摔门而出。

8. 不要出于愤怒而做这件事，而是出于一种实实在在的目的。

9. 保持自我克制。不要做得太过。迅速结束战斗是上策。

10. 迅速消失，让你愤怒的对象有机会减压。

我可以给你应用这种提问方式的一个案例。试想一下，如果一个人没有去执行公司直接分派的任务，而且不止给了他一次机会，而是高达三次，任务仍然没有完成，你会怎么做呢？我能想起的一次在办公室大吼的经历，就是针对这样的一个员工。

在我的公司有一位事业部经理，他擅自决定不去执行公司的一个决定，而在我们又和法务部门深入会谈之后，他依然没有动手。这个决定是要终止和一家公司的商业往来，而且要立刻直接终止商业关系。

那家小型公司接触到我们，想要我们为他们用在户外的一种新型建造设备提供配件。我们公司有相应的技术，实验室也可以制作出符合要求的零件，但是，这个公司的报价不太让我们满意。其他类似企业也选择了不再生产这种配件。

一个月之后，我发现这件事还没有执行。不过这次我还没有提高嗓门。直到六个月以后，在了解到事情仍然没解决的时候，我感觉很糟糕。虽然有几次我还不承认，但这次我认为自己的管理实在太糟糕了，才导致事情一拖再拖。我还错误地以为终止合作的事情已经完成了呢。

我的问话是这样进行的。

我：史蒂夫，你和环球户外地板（Universal Outdoor Flooring）谈得怎么样了，怎么最后也没音讯了？发生了什么事吗？

史蒂夫：没音讯了是因为我还没跟他们谈呢。

我：你说什么！

史蒂夫：他们还不知道这件事。

我：我就在你这等着，你给我赶紧去通知他们！或者十分钟之内把电话打了，然后到我办公室汇报！或者你想被辞退的话，现在也可以。你想想吧！

我给了他三个选择，然后走出了他的办公室，剩下他自己在第二个选择和第三个选择中徘徊。十分钟后，史蒂夫敲开了我办公室的门——他完成了任务。我让他写了封邮件给法务部门，同时抄送给我，然后我加上回执，转发给了其他同僚。我告诉他，我对他的信任大打折扣。

我在第一次延迟时没有下决心跟进，确实很不明智。尽管如此，很长一段时间里我还是不愿相信一个经验丰富的经理做事这么不靠谱。而造成这次事件的潜在原因就是我主观臆断，且并没有及时地提出问题和做出提醒。

> 虽然我不反对偶尔使用大嗓门，但是正像之前所提到的，管理者首先应当预期事情的发展，尽量防止类似问题的发生。

33. 你提问时的个人风格是什么

在向人们提问时，大多数管理者一般都有自己的风格。这是他们做事的默认模式，是一种习惯。如果管理者经常选择使用一种风格，那么人们就会变得依赖于他的这种风格。这种做法可以为沟通起到正向的作用，但同时，一成不变的风格作为一种习惯性提问持续下来，对于管理者来说，可能也会产生问题。

习惯性风格可能会妨碍管理者得到新的看法，也不利于他们在新环境中作出反应。例如，管理者如果喜欢摆出中立的姿态，那么其他人也可能受其影响，倾向于中立。这本身说不上是好事还是坏事，但是，大家都会有意无意地以他们成功的上司作为榜样，因为这些上司都是通过利用这种风格而不断晋升、迈向高位的。设想一下，如果一个公司满是中立的管理者，那么，他们如何去下决定、如何去做事情呢？

我曾见过一组管理层的人玩一个叫作"猴"的职场游戏。这些人从不对他们职责之外的任何问题发表意见，更不会去承担无谓的责任。而老总提出的关于公司的问题，或对这些问题作答的答案，则被他们戏称为"猴"。

他们会围坐在会议桌旁，将这只"猴"推到别人身上，不愿意自己接管。其中一个成员竟然还会绕桌扮演猴子跳舞，像个木偶一样，发出咯咯的叫声，如果"猴"真的确定是由某人承担，他还会发出巨大的笑声。太多时候，这只"猴"最终都无人承担，它留在那里，等待着，最终长成一只问题"大猩猩"。

这个团队的领导人的风格简直是百分之百的中立。他从不将喜怒放在脸上，在讨论会中，也没人见过他过分偏袒某一方，不管其中一方多么有说服力。

他保持着中立，从不轻易表现自己的想法。于是，他的管理团队也学习了他的这种风格，学会玩那个"猴"的游戏。

在他的两年任期之后，公司开始有很多问题迟迟得不到解决。底层的员工经常要在管理团队门前排长队，提交方案、建议以及项目计划，请求他们能够给予考虑。大家都认为那位领导人迟早会进入公司核心管理层，所以他的风格也被越来越多的人学习（这对企业发展不利）。"猴"的游戏一直在进行着，直到有一天，那位领导人拿到了竞争对手那里的一个职位，离开了公司。我只能推测在新公司里，他也许还在继续做着管理者中的中立方吧。

中立，当然只是一种管理实践和提出问题时的风格。下表中所列出的，是一个同管理风格相对的提问风格的整体描述。一位中立的提问者一定也是一位中立的管理者，就像喜欢引发争论的风格，可以应用在提问上，也可以同时用在管理工作的其他方面一样。我列出此表的目的，是希望每个管理者能够选择最让他感到自在的风格，如果环境适合，你也完全可以采用另外的某种或者某些风格。

提问风格	具体描述
中立者	保持克制和放松的风度，不对答案和决策负责
威慑者	制造紧张气氛，为回答者设定压力，运用肢体语言
调查者	像考官一样事无巨细地盘问，"拉网式排查"
采访者	听取各种意见，用很多开放式问题了解想法
质问者	将你和另外的人对立，极度关注回答者的态度
指挥官	像在高高在上的地方发射炮弹一样抛出问题
搜查者	像在柜子里翻东西一样，提出一个个问题
挑剔者	引发争辩，语气尖锐，吹毛求疵
引导员	通过问题，指导对话和讨论不断向前推进
魔术师	隐藏真实意图，引发回答者猜测

你的实际提问风格可能会是包含上表中列出的几个标签的组合风格。如果你想得到最符合要求的答案，你必须得同作答者建立起和谐一致的对话关系。每个不同类型的风格都会帮助双方形成不同的关系。即使是威摄者，在某种情境下也能促成双方顺畅的交流，不过使用比较极端的风格，建立和谐的关系用时肯定会长一些。这里特别强调一种有相对消极影响的风格，需要在实践中加以注意，那就是魔术师风格。

将动机隐匿于内心，会扼杀信任。如果问题中表露出一种不可告人的目的，或者从某方面显现出虚伪，管理者提问赖以存在的信任基础就会被淡化。魔术师风格的提问者会像从帽子里掏出兔子来一样掏出问题，给他的观众带来"惊喜"。如果你真的要用这种风格提问，那要非常小心，要有节制地运用这种风格，因为它很有可能招致反感。曾有一位科技主管，每天早上都会给不同的实验室技术员购买咖啡，这样一来，他就可以找机会收集一些需要的情报和想法，在第二天针对其他技术员的实验进行挑战和质疑。没有人会欣赏这种伎俩。

魔术师似的提问风格，让回答者变得谨慎，让你的所有提问技能都丧失了效用。如果经常这么做，你就只能剩下通过自己的头衔和级别去强求答案了。

为保持提问的良好效果，所有的提问风格都需要遵守下面的原则：

1. 表达出想要聆听答案的真诚；

2. 沟通过程中始终保持兴趣，主动显示你的风格；

3. 运用耐心——即使是质问者风格的人，如果有耐心，也可以得到很多问题背后的东西；

4. 表现出正直的一面。

34. 来自领导的问题更重要吗

你在组织内部扮演何种角色？你正在承担何种责任？这些问题的答案会影响到你所提出的问题的分量，进而影响你得到的答案的分量。

任何企业高层管理者提出的问题都会很自然地被赋予更高的分量。组织中存在的基本逻辑是这样的：领导一定认为这个很重要，因为他问了这个问题。不过这种逻辑常常会白白地浪费钱、浪费时间，在找出答案之外，没准又会出现更多问题。看看以下这个案例吧。下面的对话发生在市场经理和她的手下———一位经验丰富的产品经理之间。

一位副总从一本杂志上撕下了一则广告，在纸的角落写了一个问题之后，把它交给了市场经理看。

市场经理：你看见副总留的那张纸了吗？

产品经理：看见了。他问我们知不知道，一种吸尘器的名字跟咱们的新产品重名了。

市场经理：你打算怎么做？

产品经理：我在他留的那个问题下面写了答案。你没看到吗？

市场经理：只有一个词？你疯了吗？

产品经理：您看看他的问题。他在跟咱们新产品重名的那种吸尘器旁边写的是"这样有问题吗"，我就回答他说"没有"啊。

市场经理：只说个"没有"，就这么两个字是不行的啊。他需要更

99

多的调查。

产品经理：为什么？他只不过是在那本赠阅的杂志的一角写了个问题啊？

市场经理：这没什么关系。

产品经理：你说得对，没什么关系。所以我也给他一个简短的回答啊。

市场经理：我们需要给他做个详尽的研究。

产品经理：你想想，没人会把吸尘器和拖拉机搞混的。

市场经理：但是我们得确保万无一失，不是吗？

产品经理：是。可是我已经请教过每个人了，从律师那里收到了一个法律层面的意见，甚至还找了吸尘器业内的人问了一下。最后结果是没有问题的。

市场经理：我们还是需要给他像样的解释。

产品经理：我现在有点忙。我觉得不应该这样小题大做。

市场经理：我觉得这还不够。我要去找法务部门核对，然后赶紧写一个调查报告。

副总只是想就问题确认一下，图个安心。然而三个星期以后，几千元投进了一项小型研究中，同时开了几次浪费精力的会。这位市场经理与其说在给问题找答案，不如说在为高高在上的上司找答案。她反应过度了吗？是的。

用最简单的答案作答，其实是对副总想确认的那个问题的最佳回应方式。如果副总真的想要一个详尽的答案，那么他会选择截然不同的沟通方式来提问的。

另外，问题的重要性同一个人的职权等级也是相互关联的，二者不能区别对待。所以，如果管理者想提问，就问那些<u>重要</u>的问题，根据你所期待的答案呈现方式，去选择提问的方法。

在上面的案例中，将简单的问句写在一张从杂志上撕下来的纸上，本身就是清楚的信号，表明副总"只想确认一下"。他对组织的成员下的结论也有信心——这种信任也成就了他现在的职位，毕竟没人可以仅凭单打独斗就能坐拥高位。

> 高等级人士有高特权，但问题没有。如果问题的重要程度清楚地呈现出来，那么答案的详尽程度应该同它相对应。

案例中那两个字的回答，恰恰是副总想要的，这是他从产品经理那里得到的答案。而他听说了市场经理所做的工作之后，反而觉得她可能并不是现在这个职位的最佳人选。

35. 作为管理者的你扮演怎样的角色

角色不仅仅是头衔所对应的一种职责，而且还是基于你被给予的尊重、工作的年限、特别的技能以及其他许多原因，所应承担的各种责任。回顾之前讲到过的一点，即"没有一个问题是随便问出的问题"。我们可以用一种随意的方式提出问题，但是问题需要考虑到很多情境，其核心就是管理者所扮演的角色。

每个人都在职权等级中被指定了一个角色，这些角色就像镜头一样发挥作用，保证问题在任何角度都能够有相应的关注和回答。想想你是如何看待同你沟通的那些人的，然后看看下表中所列举的各种角色。在一个标准的企业人事安排制度下，同你打交道的人都可能在扮演着其中的角色、处在其中的一些职位。

提问者的多种正式角色	
个人头衔	先生、小姐、女士、博士、阁下、王子、公爵，等等
职业头衔	管理者、主任、督察、首席执行官
职位	部门干部、中层干部、高层干部、领导人、职员
工作年限	新入职员工、长期服役老将、经验老手
人际关系	雇员、同事、平辈、朋友、熟人
临时职位	团队成员、顾问、牧师、调停者，等等

需要牢记的是，管理者工作中最为重要的部分，就是不要想当然地看待事物。许多新晋管理者总会以错误的方式提出问题，把组织引向错误的轨迹，因为他们可能并没有意识到自己的"角色集"（将他们同其他人区别开来的一系列角色）。下面提问的方式不建议大家模仿，这是一位刚入职一个月的管理者提出的问题。

你们这边都怎么开展工作？

你们为什么要这么做？

你们考虑过其他意见了吗？

表面上看，这好像是很自然质朴的提问。这位新管理者有志于先搜集一些信息，所以，她努力在自己负责的业务内尽可能多地学习，但组织员工能够感觉到她同大家的隔阂，因为每次提问她都用了"你们"这个词。

大家对她都很顺从，因为她有一个博士学位，而且她的职业头衔是经理。但是她似乎误读了大家对她的这种顺从，以为大家已经接受了她作为中层经理的职位角色、她的个人关系角色以及她目前为自己设定的临时角色（让企业收入增长）。

接下来的几个月里，她在提问时继续运用"你们"这个词。结果是，她的团队开始疏远她。他们只针对她的提问就事论事，不再富有洞察力和解释力，同事们也不给她帮助。他们本来期待她能融入团队，做他们的领导，用提问展现她的责任心。但这件事从来都没有发生。她干了不到一年就离开了这个岗位。她应该怎样改善提问才对？

这个是怎么运作的？

既然我在这边工作了，那么我需要学些什么知识？

谁还有可能帮助我们？

这个问题以前是怎么解决的？

谁对这个问题最有经验？

这些问题都有着类似的含义。它们同时尽量避免了"我们"的滥用——毕竟此时这位管理者刚刚入职。刚提到的例子中，如果问"我们这边都怎么开展工作"，还是会跟之前一样，不能让人感到更加亲近。在这里用到"我们"，可能给人一种讽刺的感觉，跟工作年限比较长的管理者相比，显然缺少了使用"我们"的真诚。她在新入职的岗位上也没有成功。她以为调换岗位是一种奖励，但实际上，高层领导们在考虑是否仍将其作为高级管理层候选人，可惜，她并没有完成考核。

在提问过程中，人们同时还扮演着其他类别的角色。仍然是根据不同的情境，人们需要扮演的正式角色也会有所不同。比如管理者在仔细钻研某个问题的时候，他的角色就自动转换成了另一种。

下面的表中列举出了非正式提问的角色和他们在企业中的作用。在了解了所面临的情境对管理者的要求之后，他们可以在这些角色中进行变换。请试着设身处地想一下这些角色的实际功能，这可以帮助你找到提问的新路线以及有价值的新视角。

提问者的非正式角色	所起的作用
采访者	搜集信息
教师	增进对商业知识的了解
学生	从经验中学习
记者	从发生的故事中搜集信息
侦探	获取与主题相关的情报（真相、看法等）
检察官	追究责任
律师	调查事实、原因、动机等
内科医生	评估、寻找原因，重在预防、处理、解决问题
科学家	假设、检验、分析，然后得出结论
历史学者	揭露，从经验中学习
审计员	检查并做出决定

在我们讨论这些角色的同时，应该注意听取以下两点建议。

第一，问题应该适合你正要问的那个人。如果问某个人回答不上来的问题，或者针对并非他负责的领域提问，这样的提问不具有建设性。如果你正在寻找问题的起因，或者想知道细节，你可以寻求当事员工和具备相关经验的工人，这样得到的答案比较准确。想要探讨对于战略方向的理解，那么相关问题就应该让从事战略开发的专职人员回答。

第二，选择的问题也应该适合管理者去问。管理者为扮演角色，承担着一系列责任——从宏观指导监督到高级决策执行。不相干、不恰当和不准确的问题会损害管理角色的内在价值。

第五章

提问时的符号和信号

36. 手势和其他身体信号

身体语言、手势、面部表情，这些都是来自身体的信号。通过这些信号传递的信息，其实和言语表达的信息一样重要。

例如，用食指做指示动作，是某些人传递出来的重要信号。我喜欢把《福克斯新闻》（*Fox News*）主播肖恩·汉尼提（Sean Hannity）的手指称作"进攻的手指"。[1] 在采访时，每当汉尼提用手指指着嘉宾进行质问，对方都会下意识地向一旁动一下，他们的这种反应看起来好像那根手指是一把上了膛的枪一样。

手势在沟通中扮演了重要的角色：双手张开，手掌向上，手掌向下，拳

---

[1] 汉尼提主持的节目《汉尼提与考姆斯》（*Hannity and Colmes*）是以"自由主义和保守主义话题争论"的形式为主题的新闻脱口秀，体现了福克斯新闻客观中立的传统。这个节目的名字现在可能已经变了，也可能不再播出了，但只要想象一下新闻主播举起手指来指点江山的画面，你就能明白了。

头撞击，十指交叉，双手合十——要知道，用手发出的信号同所有问题都可以产生关联。

本书重点不是讲如何看懂身体语言——我们在生命中的每一天，都会用手做出各种动作来传递信号。我们的重点是，在提问的层面探讨当实施"审讯"行为的时候，用手来表达复杂信息的可能性。这里有管理者在提问时误用手势信号的五个例子。

※ 问开放性问题的时候抱着双肩。

※ 问可以自由发挥的问题，例如"把整件事告诉我"，但是手却比划出一个圆，好像在表示所做回答只能限制在一个框架中。

※ 双手握在一起，像在做晚间的祷告一样，同时针对事实提问。我知道一位管理者总会在财务讨论会上做这个动作。不知道他是在祈祷财务数字往他想象的方向发展，还是在感恩目前工作还没出现什么差错。

※ 双手大幅度挥舞。

※ 手不停地朝着在讲话的人撩头发，或者手闲不住似地掸裤子上的灰尘，会被对方认为你对他说的内容完全不感兴趣。

摆手动作已经变成跟"胡说"这种词类似的一种俗语了。根据我的经验，摆手动作和说"胡说"这两种方式甚至还可以互相替代。摆手的动作只不过看起来更礼貌罢了。在提问过程中，做出的手势信号越多，问题的深意就越不明晰，越有可能导致充满疑惑的回答。摆手本身并没有具体的含义，因为大多数管理者也不会特别精通摆手的动作。如果你想学习，请多观察专业演讲家是怎么做的。我推荐大家看一些总统新闻发布会，学几招基本的手势动作，研究在提出难题的时候如何运用这些手势动作。

我曾经在电视上看过一则广告，讲的是一名年轻员工在会上提出的建议被大家无视了。令他惊讶的是，同样的话，后来一位高层领导说的时候却引起了大家的关注，这位领导提这个建议的时候，做出了强有力的手势——表明坚定信念的信号。后来，当年轻员工告诉别人这个想法是他先提出来的，所有人都否认他刚才说过类似的建议。"那是因为你没有像这样说吧！"另一个人边说边做着和那位领导相同的手势动作。虽然这只是则很夸张的娱乐广告，但是其中未免昭示了某种事实。

有一次我被邀请参加一个会谈。会上有两位总裁和一位来自知名商业咨询公司的顾问。事情的起因是，这两位总裁所在的公司出现了一些冲突，而在场的顾问要花一个小时的时间去判断如何给他们一些帮助。

这位顾问先请双方各陈词 5 分钟，然后再做评论。虽然我也是被请来研判问题的，但我还是保持安静，没有说话。在双方都说完之后，顾问表示他已经了解到冲突的原因所在。他想先去买杯咖啡，让这两个人继续讨论 45 分钟。然后，他站起来，示意我跟他一块出去，他关上门，暂时离开了他要帮助的对象。

顾问：在哪儿有卖咖啡或者茶的？

我：在大厅那头。我好像错过了什么细节吧。刚才发生了什么？

顾问：你有没有观察在约翰说话的时候，鲍勃在做什么？

我：你说他在做什么，是什么意思呢？

顾问：你观察到他的手了吗？

我：嗯，他在不停地用手摆弄裤子。

顾问：他对约翰说的所有事情都不屑一顾。约翰说话的时候，鲍勃抓起裤脚的线头，然后把它扯下来。

我：你这话提醒了我，约翰说话的时候，鲍勃确实全程都在搞这种小动作。其实鲍勃在讲的时候，约翰也是抱着胳膊坐在那儿，不知道在想什么呢。

顾问：身体总会把心里不愿意说出来的那些想法表现出来，所以他们不需要我和你在那个屋子里待着。他们真正需要的是彼此的沟通。

他们的问题就在于，他们都自说自话，对对方的想法充耳不闻。

45 分钟之后，我们回去了。鲍勃和约翰在进行一场讨论。可能对话的气氛并不是那么友善，但至少他们在彼此沟通。他们必须这么做，而且正好刚才屋里也没有其他人。

每个人都在使用手势表达信号，袒露他们内心的想法，使得他们不必使用一句有攻击性的语言。实际上，两人间的讨论一直都还算和谐。

如果你对学习肢体语言感兴趣，可以阅读马特尔（Martel）、芬利森（Finlayson）、海多克（Haydock）的相关书籍。以下几个基本原则可以指导你使用手势来辅助口头语言的提问。

※ 查看一下你的手和胳膊，它们是否能与你的话语相配合。如果问开放式问题，就要张开手臂和手掌。

※ 如果你不太确信某个手势是否能做出准确表达，或不知道哪个手势才能准确表达，那么把手放好。

※ 在和一群人说话时，不要用手去指其中某个人，或者向他打手势，即使他是这群人当中唯一能够回答问题的那个人。如果你想听一个指定的人作答，那么叫他的名字，这个人就会听你讲话。

37. 眼神交流

我能找到的所有资料都一致表明，在提问时用眼神交流是非常好的一种习惯。你和应答者保持眼神接触，对提问有重要帮助，在对方回答时同样如此。

不要盯着对方看，但是目光要落向对方。如果你要问的是一个需要深入探究的问题，并且对这个问题的讨论也不可避免会引起争议，那么你一定要看着对方的眼睛。

曾有一次，我要与一个被我们发现从一些上游合作伙伴那里拿回扣的员工面谈。他试图坚持与我对视，好像这样那些财务数据的问题就会消失了（或者他是想通过这种方式让我相信他提前准备好的那个借口）。所以我不再问原本计划问的那些直接、封闭式的问题，也不去问他明显准备过的问题了。在提出一个问题之后，我改变了策略。我问了一个开放式问题。

我们是在极其偶然的情况下发现他侵吞公款的行为的。他的母亲突然发生意外，生命垂危，他半夜赶出城，去陪伴她最后的时光。第二天早晨，一位助理签收了一个快递包裹。她认为这个包裹比较重要，于是打开，将里面的材料拿给我看。包裹来自那个上游伙伴，里面是在递交给公司前，要由他过目的发票和账目总结。从这些材料中，可以看出他似乎以公司的大量采购为名，一直在接受对方的一笔"佣金"。

审计方面的通告出来了，然后，我们很无情地在他回来上班的第一天，就针对这个问题开了会。

我：乔伊，为什么这些卖主要寄支票给你？

乔伊：我不明白你在说什么。我看看。（简短地回答之后便咬紧了牙关，伴随着他充满敌意的对视。）

我：（现在看着他）乔伊，告诉我你跟这些人的关系吧。

乔伊：（他闭口不言。他已经想好了很多借口，但对于开放式问题并没有做好准备。）

我：（再次正眼看着他，和他进行眼神接触。）乔伊，是什么导致了现在的局面？

他开口了。他描述了账单里有哪些错误，然后针对工作外的时间和卖主的帮助做了一通解释。

不过他说得越多，里面不合逻辑的地方就越多。而且在这个过程中，他一直在往外看。他拒不承认自己有任何不道德或不合法的行为。乔伊在我们对话的中途离开了办公室。第二天早上，他提出了辞职。

这是一次非常特别的眼神交流的经历——双方都不好受。特别要指出，即使在最为紧张的情况下，提问也要遵守下面的基本规则，这样才有可能达到预期的效果。

经验法则

1. 眼神接触不是大眼瞪小眼，不要盯着对方。

2. 在提问开始时的眼神交流，以及在问题快要结束时的眼神交流，是非常重要的。

3. 眼神直接落在你想提问的人身上。即使有其他有趣的事情，也不要看别的地方了，那样没有意义。

38. 风度、身体语言和面部表情

在一家小公司有一位首席执行官，每次当他想要提问都习惯先退后一步。你觉得这家公司里的人会给他很多发散性的答案吗？你觉得他们会不会为他的提问动机而担忧？

　　如果你想要更多开放性的回答，请首先表现出开放的风度。如果你想知道有意思的东西，那就身体前倾，让对方知道你感兴趣。如果你想要表现得坚定，那就使用表现出你坚定信念的手势（不要过分生硬）。总之，答案是你所问的问题产生的投射，想要什么样的答案，就要以怎样的方式去提问。

提问是通过你的整个肢体传达出来的。答案是针对你来自言语的质询和非言语的质询作出的综合反应。试着管理你的全部沟通过程，并用始终如一的风度对话，你的提问才会更加顺畅。

　　在这里，我并不想去罗列各种肢体语言，也无意针对恰当的面部表情加以讨论。如果你受过教育，并完成了社会化，你可以分辨出生气和开心的区别。我想在这儿强调的是一些提问的基本原则，它们会帮助你在需要提出问题的场合游刃有余。这些原则最终可以促成你"自如发问"。

基本的肢体语言原则

1. 双臂向外张开（不要交叉在一起）。
2. 提问时身体直面你的回答者。
3. 提问时看着对方的眼睛。
4. 站立或坐着时要保持身体端正。
5. 让两只脚都落在地面上。
6. 不要摇晃身体，让人从肢体语言中看到激动或不耐烦的表现。如果想要好的答案，就不要看起来焦躁不安，即使你真的很烦。

7. 提问完之后，身体立刻稍稍向前倾，这个动作表示了你对答案的兴趣。

8. 保持脸部肌肉的放松，等待最合理的回答。避免皱眉、皱额头、撅嘴、咬嘴、斜视、呲牙咧嘴等引起沟通不适的表情。

9. 微笑，保持友善面孔。这样做会对你有益，即使你在调查一件严重的失误或者不道德、不合法的行为。

10. 保持正常呼吸。提问完后的一阵重重的叹息声可能会让对方不安。

11. 保持警醒状态。

12. 要表现得像对回答结果有所准备一样。要永远为意料之外的答案做好准备。奇闻怪事不常发生，但还是可能会发生。应对自若，泰然处之。

第六章

问题的种类

问题一般可以分为四大基本类型：直接问题、间接问题、开放式问题以及封闭式问题。另外还有 20 种各不相同的特定问题类型，它们都是以上四大类型的变种。提出特定类型的问题，是为了让四大类型的问题在实际运用中，与提问者的需求更加契合。

任何一位管理者在日常工作中用到的那些问题，会根据他们在组织中角色和位置的变动，产生很多不同的变化。我见过一位行事高效的管理者，能够做到采用管理团队不曾用到的新问题，去面对不断出现的复杂境况。换句话说，在需要的时候，他似乎总是能从很多问题当中，找到最为适合的那一类问题。

我的经验告诉我，商业领域用得最多的问题是直接问题和封闭式问题——这也反映出在管理工作中，找到一个确切的"答案"，是多么重要的事情。如果与此同时，能够保证在需要引起讨论、引发猜测、引出分歧的时候，给开放式问题更多的重视，那么对于问题的应用就能更为恰当得体。

举个例子，在发掘新的市场机遇时，就有机会用到更加开放的提问；而封闭式的问题，则会在产品研发失败、要对分析报告进行评估时，发挥更大的作用。尽管如此，并没有什么僵化的规矩。只要能够更好地帮助启发新的想法，帮助行动计划的顺利实施，任何种类的问题都可以被创造性地应用在具体的情境中。

> 这些问题是你思考的起点，用它们创造出更多好问题吧。

希望这段对问题种类的介绍性文字，能够让你对"问什么"和"怎么问"产生更多的思路。虽然问题的基本种类只有那么几个，但管理者绝对不要认为存在一个极限——你不应该被限制住。

39. 直接问题

大多数问题都是直截了当的。为什么呢？因为这是最容易理解的一种问题。一个直接的疑问句，更有可能问出一个直接的结果。管理者通常对回答者作答时的长篇大论、模棱两可和迂回婉转没有什么耐心，所以更不愿意在提问的时候也这么兜圈子了。

直接问题

- 很容易理解
- 意义明确，动机明确，目的明确

- 表示想听到同样直接的答案

- 很方便作答

- 显示关注和兴趣

- 代表对主题更多的控制

- 可能会让内向的回答者感到压抑

- 对回答者施加压力

例：直接问题的特点是什么？

例：约翰，那只松鼠怎么掉进服务器里的？

例：马力，我们有量化生产 B 产品的计划吗？

例：好的，我们都听完了这条建议，那么大家觉得，新的广告宣传计划能给我们带来销量的提升吗？请用能或不能做出回答。

问一个人直接问题的时候，请直呼其名，尤其在会议或其他一些公共场合，这是一种积极的做法。如果你注意看总统新闻发布会，就会发现，发布会的主角向某人示意时常会这么做，即使他本人是要回答问题的那个人。当你在主持一场会议，或以管理团队成员身份参会时，借助自己的地位，你有一定的控制权。通过称呼别人的名字，并发起提问，你可以更为积极地实现对现场的控制。

称呼对方的名字，是一种引起对方注意的方式。如果你的问题是直接问题（容易理解、提问目标清晰等），你称呼的那个人会很乐意去作答。当然，在一些情况下，直接问题也会给人不舒服的感觉，但是基于其目的，直接问题总会带来直接的结果。

40. 间接问题

在一些情境中，管理者不想表现得太不近人情。比如说，面对一个已经发生的问题，花时间去抱怨、去归咎于某人，不如着手解决问题更为重要。另外，还会有一些时候，考虑到人们的性格脾气，大家希望营造一种放松的气氛，想通过不那么紧迫的方式去寻求答案。在类似的情况下，间接问题就能发挥更大的作用。

间接问题

- 通常用于同回答者（们）建立和谐关系
- 让人可以用更舒缓的方式控制讨论
- 答案是有趣的
- 也允许其他人对答案进行设想
- 可能会带来新想法或新的提问思路

例：我很好奇是哪些因素让这个屋顶掉下来的？

例：对于解决鼠患，大家有什么办法吗？

例：我们怎样才能计算出这种情况发生的频率呢？

例：我真的找不到能预测这里的市场规模的好办法（这个问题以陈述句形式出现，但实际是个间接问题）。

评论：这个市场和米先生那次遇到的情况很相似吧。

例：有没有什么办法，能够减少我对马桶盖市场的不确定感？

其中以"我很好奇……"开头的问句，是可以借鉴的很好的表达方式。它是非直接的问句，并不要求能得到一个特定答案，它也是开放式的提问方式，允许答案有最大程度的自由。这个问句能够很好地驱使一位诺贝尔物理学奖获得者[①] 探索物质的性质，它也能很好地驱使我们在越来越平淡无奇的工作中，更好地驾驭管理。

在上面的问句案例中，出现了一句没有疑问语气的陈述句。其实，很多陈述不过是伪装下的疑问，正如案例中那句话一样。对这种句子的回答，可以是点头同意或者是不同意，也可以是以评论的方式作出回应。不管用什么方式，管理者要的就是一个回应。如果什么表态也没有，那么管理者可能就要直接提问了。所以这是一个以间接问题形式提出的直接问题。

这些问题都是切合提问主题的，但不要因此给答案的性质下定义。

41. 开放式问题

如果你希望最大限度地为任何形式的回答提供机会，那么直接的开放式问题，是一个很不错的选择。这些问题通常都会被积极地接受，它传达了一种"无论回答什么都很想听听看"的意愿。

开放式问题涉及广泛的对话，以及无所拘束的讨论，它们的提出，为回

---

① 这位物理学家是理查德·费恩曼（Richard Feynman），他曾说："我好奇为什么我好奇为什么我好奇为什么我好奇（I wonder why I wonder why I wonder why I wonder）。"

答提供了无限的可能。

开放式问题的这种特性，可以让在各种组织中工作的人减少目睹意外状况而感到的诧异。我还没见过哪个管理者会真的喜欢意外，无论是意外的好事还是意外的坏事。但是他们所有人都希望尽可能及时地了解到底发生了什么。在相对中立的讨论会上，如果应用开放式问题，员工们就有机会将本来不敢置于台面的问题提出来，当作一个议题进行探讨。

例：你认为我们的竞争对手将来会来自哪个领域？

例：顾客挑选钟爱的商品时速度更快，我们由此能得到什么信息？

例："那么……华生，你怎么看？"[1]

抛出开放式问题，并不是为了得到"是"或"否"的答案。它们的提出，恰恰避免了用"是"和"否"作答，因为它们通常只提供一个没有太多限制的大体方向。

开放式问题

- 通常会被积极对待
- 促成既有广度又有深度的参与
- 能够涵盖很大的范围
- 能够将一件事完整地说清楚，因此不太可能错过重要细节
- 对控制和专注主题提出更高要求，保持高效对话难度加大，尤其在时间紧迫时

---

[1] 侦探福尔摩斯（Holmes）对华生（Watson）说的话。

• 可能会让最能说的那个参与者过于哗众取宠[①]

例：再多跟我谈一些这方面的事情。

例：请解释一下。

例：还有没有其他可能的解释？

例：能不能更详细地说说你现在的情况？

例：把一切都告诉我吧。

例：这个机制是怎么发挥作用的？

例：请描述一下这个活动。

42. 封闭式问题

封闭式问题是同直接问题相辅的提问工具。它们通常会和其他类型的问题一起使用。整场讨论中都使用封闭式问题会让人觉得乏味，除非是在法庭上对事实进行审查，或者是要针对特定的事件进行盘问。封闭式问题用在对细节的提问上：例如事实、意见、详情或者描述。

例：今天早晨你几点到的办公室？

这个问题是完全封闭的。虽然回答者能猜得出，你要说的是他今天迟到的事，或者要教育他以后来早一点，但他的回答只有一种选择。你限定了

---

① 我使用"哗众取宠（grandstanding）"这个词，指代的是两种情形：第一种，一个或多个人故意吸引管理层的注意，希望得到关注；第二种，一个或多个人阻挠正常的议事行程，希望凌驾于讨论成员之上，满足自身某种企图。

问题的答案。得到答案之后，管理者可以就此结束，或者继续追问，而这个追问问题会让对方印象深刻。这就是为什么有人觉得，被问到封闭式问题就如同在承受拷问。

> 本章接下来要讨论的问题类型，仅仅是四种基本类型问题（开放式问题、封闭式问题、直接问题、间接问题）的变形。

封闭式问题

- 保持聚焦主题

- 不给离题一丝机会

- 用于调查、检验、具体讨论、事实确认，以及需要了解细节的任何事

- 用于防止模棱两可的回答

- 缩小讨论范围

- 如果滥用，得到的答案会"长满杂草"（太多细节）

- 包括很多以"什么""谁""什么时候""哪里"开头的问题

例：你是用什么方程式算出那条滤水速率曲线的？

例：到几号这些工作才能完成？

例：谁对这个报告负责？

例：你的答案是什么？行还是不行？

43. 无知的问题

　　世界上根本就不存在什么"无知的问题"。人们可能会做出无知的事情，产生无知的想法（这种想法让他们做出无知的举动）。然而问题，就其本质而言，仅仅是关于"不知"的表达，跟"无知"没有关系。提问表达了人们对于认知和学习的兴趣。即使问题提出的目的，是教人学会思考，或学会给出一个答案（问题提出者可能已经知道的答案），其都在起着教育学生、为老师提供个人表现信息的作用，很难去说这是"无知的问题"。

　　有一个常被引用的流行谚语是：没问出来的问题，才是无知的问题。但这种"无知"的原因显然不是来自问题本身。所以，下次当你听到有人说"没问的问题是无知的"，可以不用那么惊讶了。

> 人们可能不知道答案，但问题总会帮你变聪明。

　　如果不去用提问弥补你的"不知"，你就可能在日后真的变成"无知"。我们每个人都可能有几个"没能把问题问出来"的经历。在本书引言中提到的产品会议里，虽然我被人说"问得太多了"，但我仍然有很多问题没有问，因为这是我参加的产品开发团队的第一次会议。我问出来的那些问题，尽管是很好的问题，但可能却不是最好的选择。这些问题暴露出团队高层管理者的弱点，他们取得了很多成功，所以开始想当然地看待成功了。

　　处在现在的有利位置，我可以告诉你，当初的我既"不知"，又"无知"。

我以前提的问题都是直接的和封闭式的。如果我考虑过使用其他类型的问题，或是采用完全不同的思路，公司可能会节省很多时间和金钱。那场产品会议可能仍然以同样的方式结束——没有做出决定，但是，我会有更好的办法，让团队成员愿意听我提出问题。

不过那是一种幻想，已不再重要了，现在能做的，就是将这段经历作为一个实例记录下来。所有管理者都应该重视如何完善自己的提问，并且对所处的情境进行更多的思考。

44. 过滤问题

排除掉不相关的信息，针对某个要点提出的问题，叫作过滤问题。这是一种封闭式问题，经常用作后续追问的问题，或者在深入探究某个信息时使用。

过滤问题

- 是排除某些信息的提问
- 用于深究，以及在轻松的环境中作出追问
- 专注某个要点
- 无需费时解释，开始提问时就会提醒什么是重要的事和不重要的事
- 可能招致他人质疑，如果有人认为被排除的信息和讨论密切相关
- 可能需要额外的问题或评论，来阐释如何处理那些被排除的信息

例：这些数据点当中，哪些是最值得我们注意的？

例：有多少客户投诉需要管理层跟进？

例：今天哪些机器运转正常？

例：如果忽略掉这部分数据，我们能得出什么结论？

例：这些备选的产品名单中，我们应该划掉哪几个？

45.双重直接问题

双重直接问题的特性，与之前提到的很多提问原则都有所不同。这是一种复合式的问题，提问者在用它引导提问路径的同时，也通过借用回答者之口说出的关键词，引导回答者如何回答。如果能恰当运用，这类问题相当容易理解，能够为提问者带来理想的答案。

双重直接问题

• 使得讨论内容保持连贯

• 在深究要点时可以作为引导性问题

• 通过在问题之前提出回答者不甚认同的观点，可以探究观念一致性，以及未提及的事实

• 借用回答者说过的关键词（这可能会限制信息发掘或压制意见）

例：所有的转基因鲨鱼都得了荨麻疹的时候，你都做了些什么？

这个问题所使用的技巧，在于使用了从回答者上一个答案中得到的信息，作

为问题的基础。但可能回答者只提到了转基因鲨鱼都得了荨麻疹，所以提问者只好借用回答者说过的关键词了。

例：让我捋一下。产品线运行的时候所有供电设备断电，包括紧急发电设备，正因为如此，你不能判断自动紧急停止装置是不是在运行？

这个问句可能看起来过于复杂了。它本来不必如此复杂，但是这样的方式，也许才正是提问者想要的效果。本例中的回答者可能已经处于一种防范的状态，所以一个能让人充分思考的问题，可以减缓对话进程，从而帮助找出事情发生的真正关键因素。

46. 假设问题

假设问题的使用，是突破讨论局限的好办法。你可以用这类问题去实现很多目的：检验战略、从相反的角度思考、在没人有异议时自我反对、给小众意见更多空间，等等。当然，你要注意，千万不要按照假设的答案采取行动。在运用假设时，请一定要记得这条建议。

在早前的那个"请求对方撒个谎"的高级经理案例中，如果当时那位经理要求，给出一个假设的关于新产品收益的预测，她还是会得到起初相同的那个回答。然而，由于她自身的习惯问题，她很有可能继续要求对方说谎，将预测值说得更大，所以同之前案例中的

> 希望改变说话的策略吗？不要再去直接抨击你不认同的观点，试试假设问题吧。

结果不会有太大差别。也许她太把假设的答案当真，把它们同真实的结果混淆了。

假设问题

- 突破讨论局限
- 用于激发创造性思维
- 鼓励新观点的加入
- 是充分思考设想方案的方式
- 可以让你检验讨论中的观点，而不用直接持反对意见

例：假如我们能将市场份额提高一倍，会怎样呢？

例：如果产品达到标准，我们的销售人员应该做些什么？

例：假设有一天牛会飞了，那么我们的雨伞销售会受到怎样的影响？

例：如果当时我们授权竞争者使用我们的专利，现在的市场份额会发生什么变化呢？

47. 煽动性问题

当你在针对某件事进行调查，而回答者可能不太乐意回答，你可以使用有煽动性的问题。煽动性问题的功能就是：挑拨煽动。它们就某个话题对回答者形成挑战。如果意识到在被煽动，而有的回答者不愿意接受，就可能企图无视它或者顾左右而言他。不过一个好的煽动性问题，是绝对不

会被无视的。

这些问题可以是开放式的，也可以是封闭式的，但大多数是直接问题。你很难用间接的方式去煽动别人。

煽动性问题还用在扩展团队思维上。它们甚至还可以用于解决问题，激发丧失斗志的员工，如果你是公司董事会成员，还可以用这类问题来质疑当前的管理。煽动性问题得到太多负面的评价了。

此类问题并不一定会引起争议，或者带有负面的情绪。我们时常认为"煽动"是个贬义词，其实当管理者准备重新整顿组织，或者希望吸引大家对紧急问题的关注，或者只是想动员所有人加入到对话中的时候，都可以利用有煽动性的问题，来激发更有创造力的思考。

煽动性问题

• 给回答者形成挑战

• 激发思考和新想法

• 通过引发关注，锁定特定的关键话题

• 会激起情绪上的反应

例：我们只能为你的某一个项目投资，你选哪一个？

例：我们凭什么去相信这些数据呢？

例：为什么我们不能卖掉这块业务？给我一个好的解释。

例：我们如何才能以一半的支出，实现翻倍的产出？

例：为什么我们有数千美元未授权的经费在你那里？

例：你曾经有过不得不大量裁员的时候吗？

（虽然管理者可能不喜欢意外，但在得到批准之后，很多问题都会涌向他们。）

48. 夸张性问题

　　用夸张的问题提问，是为了做效果、做样子。它不需要作答，它是一种暗示，是一种包含了答案的问题。这种问题的麻烦在于，在很多情况下，它会引发管理者可能没准备听到的回答。

夸张性问题

- 可以用于幽默

- 可以用于指责

- 发泄怨愤

- 释放挫败感和负面情绪

- 是有意同他人分享感受的方法，不用直接或间接地提问

- 可以用于戏剧化的情境，如嘲讽和挖苦

　　例：你是不是总爱自找麻烦啊？

　　例：你想让我炒掉你吗？

　　例：为什么是我？为什么这种事老让我碰上？

　　例：如果我消失了，团队会怎么做？

　　例：他们签约的时候都在想什么呢？

　　例：他们怎么能这么做？

　　夸张性问题甚至经常会带来意外的答案，如果你面对的是个自作聪明的

"小人"。问他："你是不是总爱自找麻烦啊？"可能会让回答者赌气说"是"。这时候，管理者就得面对一个想引起冲突的员工，而这个员工也有可能面临降职。

> 用夸张的问题提问前，最好先想想对方可能会如何反应。

49. 反省式问题

反省式问题的作用正如其名称一样，这些问题用来让回答者做出反思——去回顾一个决定、一个事件、一条信息或某种趋势的变动。问题暗含的意思就是，通过提问来学习过去的经验和教训。

反省式问题

- 可以将回答者带到过去某次讨论、某个时间、某次行动
- 无需说教就可以获得经验和教训
- 将提供深刻见解的信息同当前现状结合在一起
- 可以用来作为打断对话的方法

当会议室里没有什么特权领导在场时，用反省式问题打断进程，及时回顾前面的内容，可以带来舒缓气氛的效果，例如下面提到的这些问题。不过也有可能产生相反的效果，反而会增加压力，正如下面有关"工厂最近一次爆炸"的提问。

例：你觉得为什么那家公司会用那种方式来响应我们上次提价的策略？

例：我们的盈利是不是一直在下滑？

例：工厂最近一次爆炸的时候，发生了什么？

例：如果能运用这种新技术重新解决那个问题，我们会怎么做？

例：回顾过去的历程，什么才是公司最关键的战略方向？

这些都不是复杂问句。它们通常是开放式问题，通过提问引发"告诉我……"等追问以及故事性的回答。问反省式问题的真正价值在于，它可以辅助寻找打开当前困境之门的钥匙。

50. 诱导性问题

诱导性问题的应用是包含在战略讨论过程之中的。诱导性问题虽然可以拿出来单独使用，但常常是作为战略的一部分出现的——传达贯彻某种理念的计划，或者引导大家聚焦关键议题。

当诱导性问题被律师或记者利用时，他们会问："你还在继续殴打你的妻子吗？"这个时候，提问更像是一个诡计，给回答者设下一个圈套，产生有利于提问者的回答。

我不太推荐使用诱导性问题。虽然在商业情境中会有很多应用的案例，但这些应用会产生一种负面效应。

诱导性问题

- 用于产生你想要听到的答案

- 常用于希望得到他人的认同，即使对方是不顺从的人

- 能使本无意下结论的一群人很快得到结论

- 引导决定

- 可被用于减少争论

- 可能会推动其他可替代的意见或未被考虑过的理念

- 可能会让回答者或其他与会者感到虚伪

例：主席穿了一件非常漂亮的棕色西装，不是吗？

例：顾客平均等候我们接听热线电话的时间真是太长了。你觉得这是否加剧了我们的亏损程度？

例：那么，伯尔先生，您难道不同意您面向汉密尔顿的时候正好是逆光，而他对着您的时候，明亮的太阳照得他眼睛都快瞎了吗？

51. 停顿

想要引出更多信息时，作为最有效的工具之一——停顿，可以用于代替或辅助问题。每当喜剧演员要抖出一个包袱时，常会做一个停顿。在要引出问题时，停顿也可以产生一样的效果。

它让听众们警觉，有什么与众不同的事（与众不同常常意味着事关重大）要发生了。停顿，使得前面的言论和接下来的后续内容之间，产生了一个天

然的分隔。停顿还能加深大家对前面言论的印象，因为无论说的是什么，听众都得先记下，以便理解接下来发生的事情的背景情况。如果你觉得这句有些隐晦，可以试着使用停顿，然后看看从停顿本身以及接下来提出的问题当中，你得到了怎样的回答。

停顿

• 应该用在一个陈述之后，这个陈述实际上在为一个问题做铺垫，激发人们参与到对话之中

• 可以伴随使用提眉等暗示听众做出评论的面部表情

• 偶尔会导致冷场

例：那么，让我看看我是否理解了你的提议。我们提供融资的话，第一件要做的事应该是（停顿）……

例：这批软件装车的时候，还是真空包装的状态，然后需要将它（停顿）……

例：当我们第一次观察到那些猪能像猪一样吃食（停顿），我们期待着……

我有一个做管理的朋友，他有项特殊的技能，就是能只抬起一边眉毛，那样子几乎像在他接近斑秃的头顶上画了个问号一样。他曾会这样开始一个问题：

是不是资源分配的问题呢？（提起一边眉毛）……

这个动作透露出了很多提问者要表达的信息。在他的员工熟悉了这个动作之后，他又开始使用停顿作为引起注意的方法，然后说完剩下的问题，最后再抬眉毛。

问：是不是资源分配的问题呢（停顿），还是说，系统崩溃是因为计划的容量规模不够？

虽然看起来是一种有些戏剧化色彩的技巧，但仍然建议管理者经常这样"扮演角色"，不管会议是大是小，都可以应用停顿。

52. 沉默的问题

停顿，可以作为陈述当中的一个问题出现，而沉默，却是一种振聋发聩的形式，你通过它来传递想要表达的意思。有一个科技公司的研究主管，甚至频繁使用这种方法向他的工程师提问。

当研发团队做出的数据让她不甚满意，或者仅仅想表达对难题没有得到突破的无奈，她都会前倾上身，然后耸耸肩，双手张开，好像在说："怎么办？"然而，她并没有说出一个字。她会等着对方回答。虽然她采用这种方式的时候很多，但因为可以恰到好处地表达内心的疑惑，所以从来都没有失效过。工程师们也对她的风格心领神会，会直接作答，好像她实实在在地提出过一个问题一样。

但当她用这个方式对着市场部门的人讲话时，就会经常得到沉默的回答。这时候，她就得转换成更普通的交流方式——口头提问，聆听回答。

沉默的问题，虽然在很多场合都很奏效，但是它不会显露任何线索，让人捉摸不透你究竟需要什么，或者你内心是什么样的思维逻辑。

沉默的问题

• 可以在得到同你交流之人的允许之后使用

• 在一对一的讨论中是个很好的工具，让你不用问太多问题，就可以表达自己对更多信息的需求

• 在一些次要的问题上，可以掩盖你的过分关注

• 当团队的思路跑偏时，可以让你有其他的讨论途径

例：耸一耸肩，手张开，微微高举

例：皱眉，抬眉，并且做出古怪的表情，或看起来疑惑的样子

例：双手快速向外撒开，仿佛想通过这个信号来获得更多信息

需要提出的重要一点是，当使用沉默的问题，或用手势表达疑问的时候，管理者要接受其他人的授权才可以这么做。这是个有趣的提问动力源，就像本节前面的那个例子一样，市场部门的家伙仍旧看着她，没有什么反应。一种情况可能是他们见过她这么行事，但就是不想搭理她；另一种情况是他们很希望得到她口头的表态。所以，这种以沉默作为提问方式的做法，最好在互相理解、态度友好的气氛中进行。

53. 一个词的问题①

一个词的问题并不是很常用。人们会觉得，问了一个词的问题，还得去

---

① 英文中"一个词的问题"，代表的是中文中仅有一两个词语的极短促的提问。——译者注

详细说明为什么要提问，或者为什么要为他们的质疑做出这样的一种开场白。有时候用一个词的问题必须要配合戏剧化的表现力，而这都取决于当时情境的需求。令你难以接受的爆炸性消息会让你喊出："真的？！"或"什么？！"

一个词的问题

- "为什么""什么时候""在哪""怎么回事"等，是主要的一个词的问题
- 在一个词的问题之后保持沉默是非常必要的，不然效果会大打折扣
- 配合使用恰当的肢体语言、面部表情和有幅度的手势，会增加问题的提问效果

    例：真的？！

    例：什么？！

    例：为什么呢？（用在提出一个决定之后，或要着重强调之前，是非常有力的问题）

    例：什么时候？

    例：在哪？

    例：怎么回事？

    一个词的问题并非总是很好的提问选择。如果频繁使用，就会变成管理者的提问习惯，也会有消极的作用。在一家中型企业，一位不善言辞的前制造经理晋升为公司的总经理。他把自己爱问一个词的问题的习惯也带到了新岗位上。过了不久，大家都对这种问题感到乏味了。

    结果，人们不得不在做报告时按照他的提问风格修改呈现方式。因为领导没有主动选择对管理工作更有利的高效质疑方式，所以这家公司的表现一直都很平庸。

54. 阐明型问题

阐明型问题是封闭式问题的另一种形式，它的目的在于让信息更容易理解。一些管理者用阐明型问题来提炼他们听到的信息，也有管理者会在发生分歧时用它作为构建论据的方式。企业、组织的高级管理人员和领导者常会用阐明型问题作为对人们施加影响的工具，来代替做出某种行动的那些行政命令。

设想一下与罗伯特议事法则（Robert's Rules of Order）① 当中的质问方式类似的那种阐明型问题。立法机关通过这些法则来对参、众议员的互动过程加以控制，其中对于提问级别的规定，使得在国会辩论或规定的讨论环节中，某种质询的重要性跃居其他质询之上。虽然这是非常有效的质询规则，但在管理过程中，它的助益比较有限。

阐明型问题

• 在下列情况中使用阐明型问题是恰当的：

1. 资料说得不够清楚的时候

2. 一些表达不够清楚的时候

3. 鼓励提出意见的时候

---

① 罗伯特议事法则，是目前美国应用最广泛的议事规范，旨在为民主化的会议提供有效的制度程序。——译者注

• 可用于识别理解上的偏差，防止信息传递错误

例：能不能详细解释一下，"完美地激发"是什么意思？

例：你用"我们"这个词的意思是什么？

例：你坚持的那些公认的会计准则具体是哪些？

例：你刚才说到"IRS"，你指的是（你可能要用到停顿来提出阐明的要求）……

例：我忘掉的那个关键议题是什么？

你需要保持清醒和力图避免的一件事是：把阐明型问题用于操纵大家意见，来实现自身企图。比如一位来自电器企业的部门主管，他常会用"给我详细讲讲如果是……的话，这意味着什么"这种类似的提问，来篡改同事的本意。长此以往，这增加了他和团队其他同事之间的不信任。

对于那些已经交代给其他员工的事，如果在执行中显现出与他本意和想法有出入，他会十分关注这件事。他会要求员工在详细解释某件事之后，继续阐明这件事。他会说："告诉我这里到底是什么意思。"或者"它是不是可以这么理解……"然后他就会继续说明他希望得到的回答是什么。

这位部门主管的个人策略运用得非常不错。最后他成了公司的总监，不过自从他上任，公司就表现不佳（公司表现和个人表现可能完全不相关，但是他仍然保留着要求阐明所有事情的习惯）。

55. 发散性问题

发散性问题用于在不改变主题的前提下，寻求更多可能的答案。这些问题常会改变参与者的视角，为讨论带来更多突破方向。

在企业的每次讨论过程中都会产生几组不同意见的支持者。每当讨论陷入胶着状态时，有想法的管理者不会继续再"像企业那样思考"，而是转头去问其他意见的支持者，了解他们对于议题有什么有趣的新想法。

而这些意见的支持者，还可以包括政府机关、啤酒经销商、公共政策研究者、军队、股东等不同的群体。有一位管理者，就曾常常向她的团队问起，消费者会对他们的产品做出什么样的评价？而这个公司，仅仅是一个为生产企业提供原材料的上游企业，其实并不用直接和消费者打交道。但这位敏感的经理认识到，下游企业生产的产品有任何一点闪失，她的企业在消费者心中的形象也会大打折扣。因此，她习惯于问团队是否尚有不足存在。这种提问思路，转变了团队对待自身产品的视角。虽然不能十分确定这些问题的提出是否对企业有直接的正向影响，但可以肯定的是，整个团队成员都开始更加关注企业外部各个层面、各个相关领域的问题了。

发散性问题

• 可用于转向思考同现有思路相关但又有所不同的全新路径，打破讨论原有的假设

- 允许你从新的角度看待相同的主题

- 可用于延迟讨论，为最终结果的确定赢得更多时间

- 防止草率地做出不成熟的决定

- 鼓励新想法、新策略、新过程和新产品的开发

例：在 11 年一遇的太阳黑子高峰期，太阳黑子是如何影响手机通话的？

例：让索尼去卖水煎包怎么样？

例：假如有不知名的期刊曾经发表过关于类似发明的论文，那该怎么办？

例：除了秋葵，我们还能不能用其他的什么东西作原料？

世界上有太多与众不同的提问路径，值得我们放弃在一个死胡同里纠结。在进行发散思维之前，管理者需要先了解以下几点：

※ 你有没有足够的进行发散的时间？

※ 一旦开始发散提问，你有没有能力在最后将其收敛起来？

※ 你是否真的准备好重新探索一个新的方向？如果对讨论的最终结果没有真正的兴趣，请不要使用发散性问题。

※ 发散的目的何在？有时候仅仅是想让大家畅想和探索一番。如果是这样的话，管理者需要说清楚，以免大家对讨论结果产生期待，而这不是管理者的本意。

56. 收敛性问题

使用收敛性问题，是为了统一意见，为了尽快促成一致，或者是为了确定最后的决定。收敛性问题将所有讨论内容、想法和各种因素总结在一起，

有利于完成对议题的构建。

这一类问题会给已经持续一段时间的讨论画上圆满的句号，不管是讨论了几个月，还是只进行了几分钟。

收敛性问题

- 应该用在需要做出决定或达成一致意见的时候
- 可以为发散性问题做总结
- 可以号召大家实施行动
- 会阻止人们继续模棱两可

如下是一些简单的收敛性问题的案例。需要用到收敛性问题的情境，在很多案例中都会更复杂一些。所以类似问题应该以一组或一系列的形式问出来。

例：现在我们来决定最终的广告创意——我们要用"喝啤酒的小老鼠"方案，还是用"会说话的向日葵"方案？

例：水煎包的销售和电子产品的销售有所不同，所以结合我们今天讨论得出的这些想法，我们应该怎么解决现在的问题呢？

例：既然我们已经用了整整一年去讨论和改善所有的测试数据，那么现在是不是可以发起新一轮的 200 万元融资了？

让讨论最终能够圆满结束是非常必要的，但是同时也要避免因此切断所有的争论。那个"小老鼠"和"向日葵"的例子，实际上是为继续争论关上了大门。因此，采用收敛的方法提问，管理者可以从下面两种不同的路径开始。

1. 管理者可以针对一些原则、标准层面的议题展开提问，作为渐渐引出收敛和总结需求的一种办法，这种策略一般很有效。用手势等信号暗示你将要结束讨论，也是不错的选择。这可以让人知道讨论即将结束，如果这时仍然存在不同的观点，那么可以允许各方总结陈词。

2. 管理者还可以在做出手势信号后，追问一个问题，提示让大家对双方观点进行比较（例如是"小老鼠"还是"向日葵"）。如果讨论没有形成相对立的双方，那么可以请参与者思考讨论议题本身，确认讨论结果的关键要点，这也可以使得讨论内容向收敛迈进一大步。

57. 重新定向问题

重新定向问题，可以在回答者或讨论者进行讨论的议题内容之外，从提问者主动选择的其他议题方向和角度，重新聚焦关注的重点。这是一个使用间接问题，来给对话内容的大方向掌舵的有效提问工具，使用这种问题，还可以避免直接的冲突。

重新定向问题

- 会促使某个有争议的讨论结束，或回避那些情绪激动的言辞
- 当对话变得过于追求细节时，可以重新定向到更宏观的层面

• 重新确认和检测之前提到的细节、策略或其他问题

• 重新回顾之前某个问题（假如揭露了新的信息，可能会导致既有意见或决定发生改变，这种情况下需要重新回顾之前的问题）

• 重新建立提问的路径

　　例：我觉得通过你的描述，我已经知道这里野生动物比较多了，但是，我还是想要了解，那些花果鼠是怎么钻到我们干净的屋子里面的？

　　例：你在讨论的是机器人，但我感兴趣的是怎样才能把你的理论应用到人的膝盖移植手术上？毕竟人和机器人是不同的。

　　例：我们再回到刚才关于操作成本上的问题好吗？虽然收益不言而喻，但是如果用这种方法，我们的成本会高出多少来？

　　重新定向问题同时还是一种无需直接反对，就可以提出反对质疑的办法。这类问题同时还能够避免大家在不相干的主题上浪费太多时间。另外，管理者利用重新定向的提问方式，不用提及他对讨论议题的个人偏好。你可能希望跳过这一话题，或者稍后再谈论这个话题，那么重新定向让你可以做出选择。

58. 消极问题

　　提出消极或具有否定意义的问题，是基于有限的几个目的。消极问题也是一种做姿态的问题。它们同旨在强调个人定位的那种问题有类似的功用，只不过消极问题是以消极评价议题、事实、行为、计划或提议的方式提出来的。

消极问题

• 可能会用在消极评价某个议题上

• 通过贬低某个议题（或行动、计划等）至次优先级的地位，作为中断争论的办法

• 可以帮助确定行动、建议或不作为的行动背后，致使其消极的原因、假设和逻辑

例：你为什么想进入一个呈现下行趋势、濒临崩溃的市场当中？（消极的借口）

例：我们为什么不能这么做？

例：让空调系统全天开着，难道不比中午吃饭的时候关闭的做法更节省成本吗？

例：你就不能让我们马上开始吗？

例：这个问题不能早点问吗？你为什么会觉得我们找不到问题的答案？

消极问题还可以使用类似夸张性问题的语气，将答案包含在问题当中，表达提问者的想法。在这一类问题当中暗含的那个答案，通常也是消极的，同提出的问题前后呼应。管理中应用这类消极问题的目的，可能是为了批评教育，指出系统长期存在的缺陷，或者用间接的方式去对事情加以评判。

例：我们又没寄完快件吗？（或者这么问更好：快递又得迟到了吗？）

59. 二选一问题

二选一问题可以用在很多方面。它们可以辅助评估意见、做出决定、为小组投票、促成承诺或者减少选择数量。

在下面举出的案例中，公司的副总乔恩，在同他的老板——首席执行官谈话。因为企业的某个高产量、高利润产品的生产存在环境问题，乔恩需要尽快找到替代产品。他的研发预算提高了 50%。在上次同老板会面时，他曾将拟选的替代品数量降到了 4 种。这次会议，老板希望听到乔恩可以在 4 种产品中做出选择。

老板：乔恩，我怎么看到这个表里有 6 种拟选方案？

乔恩：这已经是精简过的了。研发部门说他们还有 11 种拟选方案呢。

老板：乔恩，我们已经说好今天做决定了，选一个作为优先方案，再选一个备用，不是吗？

乔恩：是的，但是……

老板：是的，但是现在我看到列表里有 6 种。

乔恩：后来添加的这两种方案，可能从长期来看，是更好的选择。

老板：乔恩，如果让你选，要么选当初那 4 个已经成型的方案，要么选择这两个可能的方案，你会选择什么？

乔恩：我还是选当初那几个吧。

老板：对于我们这两个要选出的方案，要么你给我一个建议，要么让别人来做决定。你选择哪个？

乔恩最后为老板做出了选择。从乔恩的角度来看，他努力争取的，是他认为对公司的长期发展最有利的选择——能带来最大化收益的产品。而从老板的角度，他希望以企业近期利益作为考虑重点，毕竟，没有短期价值，何谈长期价值呢？

60. 负载问题

例：所以，安然先生，既然公司运营状况和你预期的一样好，那你为什么还要把自己所有的股票套现？

所有的问题，都在一定程度上包含着一些负载的内容。如果管理者能够按照本书推荐的指导原则行事，那么在提出问题之前，也许他就对答案可能的形态有了一定的猜测。而正是这种猜测和期待，使得问题在一定程度上有了负载。负载，是一种含沙射影的隐藏含义，是对回答者可能没打算作答的事情的一种暗示。这种负载问题的提问方法，使得获取回答者无意作答的答案成为可能。然而，负载问题的本质属性，是通过某种途径，去解构和分解论据、姿态、计划、表述以及可能的假话。

负载问题

- 用来得到回答者的承诺。如果用其他方式提问，回答者可能会避开作答
- 可能会用在谈话中，将一个特定的主题或方向强加于人
- 需要谨慎使用

负载问题不同于下一节所讲的陷阱问题。它们清楚地给人以"含沙射影"的印象。关于负载问题的最好的一个例子，是媒体质问总统时提出的问题。这个问题是这么问的：

例：总统先生，所以这是否意味着您准备放弃使用武力？

"是的""不是""可能""也许"……任何可能的答案，都会将总统本人置于水深火热之中。在政治领域出现的这类问题，是为了头版头条而有意设计的。至于确切的答案是什么，其实不会有太大价值。但是，陷阱问题则是为了得到有价值的回答而设计的。

61. 陷阱问题

我们不太建议使用陷阱问题，试图通过设圈套，让回答者暴露一些事情。除非管理者已经处在纷争很大的讨论中或面红耳赤的谈判中，伤害他人的风险会比较小，否则，使用陷阱问题不是什么明智的做法。如果说话者的诚信让你心存疑虑，那么更好的办法是，直接去调查事实情况，光明正大地了解

真相。毕竟陷阱问题是暗中施加阴谋的伎俩。

陷阱问题

• 很容易在使用之后导致回答者的不信任（因此很难找到适合使用这类问题的情境）

• 会用于测试回答者答案的真实性或评估罪恶程度

• 可能会用于揭发借口，或揭露缺乏可信性的资源和供词

• 从不太情愿的回答者那里获取承诺

例：你什么时候停止殴打你的配偶的？[①]

（设圈套让他承认罪行）

例：既然现在你不再接受治疗了，那么请告诉我，是什么原因让你选择了"水袋"牌新型成人失禁产品？

（不可否认，这个问题的开场白非常私人化，回答者如果不拒绝回答，就必须以不暴露自己的方式作答。）

例：思科普先生，你那么熟悉达尔文的理论，那你一定能解释，为什么老鼠长不到冰箱这么大吧？（揭露对方虚伪之处的陷阱问题）

类似"殴打妻子"的那种问题，在讲述诘问技巧的课本中很常见，也常被用作揶揄法庭上律师行为的笑话。陷阱问题是律师常用的典型问题，但我们应该同时知道，在商业领域，当要对一个人进行问询时，这种问题是不便使用的。商业环境并不是使用这种问题的最佳场所。

[①] 这种问题常被用作引导性问题，其实很多引导性问题都是陷阱问题。由它们引致的回答，可能会包含其他情况下人们不想提供的信息。

62. 有二元答案的封闭式问题

　　一些问题只有两种可能的回答——而两者都是可以被接受的，无关对错。这种问题的典型，包括"是／否""同意／不同意""男性／女性"等问题。市场研究调查常会用这类问题搜集信息，以便进行定量或定性的分析。答案是很重要的，它们可以用于研究人口统计信息，或对回答者在某一专业领域进行更深入的提问。只要是在问题允许的选择范围内，任何答案都可以被提问者所接受。这些问题，通常都是为了引出更多阐明型问题而设计的。

有二元答案的封闭式问题

- 对人群进行分类，或用专业知识对人群进行质性分析

- 构建一种观点

- 获得一个确定的答案：答案的具体细节是次要的，能够获得一个答案才是目的

- 构建一个特定的立场或推荐意见

- 改变回答者模棱两可的态度

- 为后续追问的问题做准备，例如问"为什么这么选择"

　　例：你觉得我们应该考虑把产品线从镇上搬到港口去吗？为什么？

　　例：你觉得哪种回复方式更合适，传真还是电子邮件？为什么？

　　例：关于将战略调整到 B 计划，你的意见是同意还是反对？理由是什么？

例：你选硬币的哪一面？正面还是反面？（这意味着在投硬币之后，根据输赢情况，回答者还得回答另一个有二元答案的问题，比如说：如果投硬币你赢了，那你想选投球还是接球？）

63. 参考：手头常备问题

在所有的商务场合，有一条基本规则必须要遵守。虽然这条规则看起来像是尽人皆知的废话，但作为讨论优秀问题前的铺垫，还是很有必要提一下的：

在提出任何问题之前，管理者必须要知道该怎么对待答案。

思考提什么样的问题，既是有意识的行为，又是无意识的举动。准备优秀的问题需要付出艰苦的努力，但是也会有一些捷径可以选择。随时有一张问题列表在手边，可以帮你应对各种场合的多种提问需求，实践也证明这会非常地有用。所以，我准备了一张列表在这里，放在身边，也许你会用到。

请在所有可能的时机，试着多使用各类不同的问题，只要你能将它们应用到合适的情境中去就行。如果你需要答案——使用直接问题和封闭式问题；如果希望引起讨论——使用间接问题和开放式问题。你所采用的问题种类，决定了你实施的问询风格，也影响着你获得的答案质量。

你提到的那些是什么意思

那意味着什么

它发生了什么变化

我们的选择是什么

你想如何决定

为什么

能解释一下吗

这方面有没有问题，你清楚吗

我们应该从中做什么样的推断

我们以前碰到过这种情况吗？在哪里？什么时候

再加多少资金才可以做到

这件事的局限性是什么

我们该怎样去了解

为什么我们看到了变化

这是怎么做到的

我们的经验在多大程度上能支持这个结论

你的主张具体是什么意思

我们面临这种情况已经有多久了

支出多出预算多少

二者的增加量相差多少

还有没有别的选择

如果从另外的角度来实现目标，会怎样

如果我们成功地完成目标，很可能会发生什么

如果这件事做不到 / 失败了，该怎么办

如果比预期要好，我们会如何做

谁负责这件事

我们为什么要做这个

如果愿意，还可以添加其他你认为重要的问题，将其随身携带。在你要参加会议的时候，你在讨论中迟到的时候，在没做好提问准备的时候，在需要你扮演积极角色多问问题的时候，请略扫一眼这张问题列表。

第七章

提问技能的应用

64. 你有没有提问计划

懂得如何在最恰当的时机，面对最恰当的人选，自如运用最恰当的问题，然后在说出你最想问的问题之后，收获你最中意的答案——要完美做到以上这些，真的算是一项极度艰巨的任务。你的目标是，让提问能尽量获得最大的成功，但是，也不要指望每次互动和讨论，都能在成功的掌声中收场。所以，定下一个适度的目标，全力以赴，你终归会有所收获。

我在亲自观察过的那些富有成就的领导者身上，得到的众多结论之一就是，一些管理者相信他们所有的沟通都会成功。在前面那个高级经理请手下为她"说个谎"的案例中，高级经理多年的打拼经验和事业成就，让她笃信自己发起的讨论、提出的问题都会有圆满的结局。对于这些人来说，当自己的事业平步青云、蒸蒸日上的时候，很多行事方式就成了习惯，他们的所有沟通方式也会自然而然地被看成是富有成效的。依我看来，这种行事习惯，正是取决于他们长年累月的优秀管理经验。但也正是如此，当形势发生了改变时，他们总觉得始料未及。

诡谲多变的市场行情、意料之外的同行挑战、不曾预见的商业风险，或者核心管理层的突然更迭，都会导致新问题的产生。而管理者一个不恰当的提问，很有可能造成沟通失败，为决策失误埋下伏笔，进而为企业带来沉重打击。在这个时候，管理层理应面对挑战，重新利用提问扭转形势——策划比之前更有效的问题。

达到适度的目标，提升每一次沟通的效果，这需要通过实践加以锻炼。当你身处正式场合，以发问者、质询者、审查官、侦查员、采访者或审讯人的身份，出现在特定的情境当中时，如果心中持有清晰的提问策略或提问计划，也许你的胜算会更大。本章，就将通过很多常见的管理情境，为你提供更多反思提问的洞见和指导。

管理者在参与企业讨论时，所需要的不仅仅是他们"本能的智慧"（但还是要保证所有管理者都有"本能的智慧"），还需要掌握一系列技能，以及一些提问的模板，例如，识别何时需要深入调查，或者如何着手测试新的经营理念。

当需要由你来提出问题时，以下这些最为基础的策略原则会有所帮助。

商务场合中的基本提问策略

1. 识别你所在的情境类型。

这是一个严谨正式的场合吗？出席这场活动的人是不是重量级人物，或者至少对别人来说都是贵客？还是更像一场非正式的讨论会？在以管理者身份出现的各种场合里，你首先应该注意的是对情境的定位，这看起来是一件不起眼的小事，但它其实非常关键。同样关键的一点还有，了解作为管理者

的你，在这个场合中是否被赋予了"质询者"的角色。如果你仅仅被邀请去
参加这个活动，那么过于严酷的问题、企图深究原因的问题可能不太合适，
而提出节制的、有礼的问题，会让大家知道你在关注问题，这样做，才更符
合情境要求。

2. 区分何时需要追问深究，这是各级管理者提问时最容易忽略的地方。

有时候，在会议中碰到明显需要加以追问的问题，人们却置之不理，好
像一切都已经清楚明了一样；而在另外的情况下，追问的时机或场合又不是
那么地恰到好处。

我曾经参与过一个市场项目，有一次，我们准备了一场报告会，向管理
层做季度报告。这次报告会的目的，是让管理层熟悉员工和他们的基本工作，
而不是针对报告的某个方面进行深入的回顾。管理者提出的问题，仅仅需要
证明他们很感兴趣，以及测试报告者针对问题的快速反应能力。这场会议不
是适合那种大量追问、深究细节的讨论会。

话虽这么说，但我依然发现，有管理者忍不住针对他们认为关键的几个
要点，做出了很长时间的讨论，虽然他们"得过且过"就可以了。如果你作
为管理者碰到了这种情况，那么可以等第二天再继续追问，或稍后另找更合
适的时间再议，因为在回顾报告中涉及的议题还未经核准，或者说还没有到
让大家聆听具体细节的时候。

与此相反的情况是，有人会提出一些本身价值不大、含糊笼统的说法，
这些表述需要追问深究，例如，"我们的收入下降只是个表面现象，这其实
是因为货币不平衡。"或者"虽然目前报废率很高，但是我们相信，下个季
度末报废率就能砍下 50% 来。"

对于"收入下降归结为货币不平衡"，其实报告者真实的想法是"根本

就没什么不平衡"。这种归因实际上没什么道理可言,这位年轻的管理者只是利用了汇率下降的现状,为企业糟糕的应急计划开脱。试图通过混淆视听为企业表现不佳进行开脱的做法,是管理者不想看到的,所以这需要管理者深入提问,扫清不客观的解释。

对于"让报废率下降50%"的说法,虽然表面听起来相当不错,但剖析支持这一说法的那些数据,并针对管理总结会议上的一些信息提出问题,大家发现,目前的报废率50%是指最终产品的报废率,而不是在制造产品线上累积的报废率。与案例中不同的是,很多工厂在制造过程的各个环节,一般都会有大量的损耗和报废情况。因此,案例中的"报废率"降低50%,仍然意味着在最终产品环节有25%的报废率,这个水平,依然是远远不能接受的。

3. 决定一条用于提问的路径。例如:通过追问阐明某一问题;如果未得到满意答案,继续质疑,探索更多细节。如果有必要,还要适时回到讨论重点,重新定向问题。

这种技能,对于很多管理者来说都可以凭直觉加以运用,但对另外一些人来说,他们在这个方面几乎找不到什么技巧。那些能找到好的老师,或者有筹划提问策略天赋的人,很容易做到主动选择提问路径,而其他人就需要多加练习了。

管理者有时候会让自己陷入由回答者选择的路径当中,而没有依靠答案的性质来决定该以怎样的方式继续提问。我见过很多人对自己没能力问出想要的结果颇为恼火,或者有的人对所选择的提问路径生搬硬套,结果这种提问路径只能将问题原有的焦点越拉越远。无论是上述哪种情况,都会让你越来越困惑、越来越糊涂——对你的工作毫无益处。

有一个由一位新上任的区域经理领导的市场项目,仅一个季度就实现了

10% 的业务增长。这是非常高的增长速度，增长量已经几乎是同类产品在当地市场份额的一个百分点了。但区域经理简单地接受了这个结果，从来没有想过要认真调查一下自己为什么取得了市场的高度信任。反正所有的一切都源于一纸合同。每个人都沉浸在成功的喜悦之中，没人想故意跟他们眼里见到的好事过意不去，所以，关于数字的事情没人做细致的研究。结果，当这个项目在其他区域全部推开时，业务的增长率很低。现在，成功和失败都需要得到相同程度的重视了。

为了避免作出不恰当的预测，可以考虑使用一些简易的重新定向策略。建议使用决策树形图（Decision Tree Map）[①]，它可以让预测变得更容易。

> 问：我们的市场份额增长了一个百分点，这是很好的消息啊。但是我想知道，这期间我们增加了多少新客户的预定，或者在现有顾客当中，预定量有没有相应的增长呢？

你可以提前在心里准备好这些问题，当然也可以在产品总结讨论的过程中，根据实际做出提问的选择。很多情况下，在进入会议室参会之前，或者在电话接通之前，大家就已经了解了相关的数据。这个时候，你就要准备一个简短的列表，写清你还要在哪些细节上进行深究，以及你如何运用问题做出深究。

> 答：这些增长主要来源于新业务。
>
> 问：嗯，不错。那么其中有多少是来自新客户呢？

这个追问，提问者首先表示了对回答的认可，这体现了一种尊重，虽然

---

① 决策树形图是一种风险决策方法，用树形图来描述各方案在不同情况下的收益，从而做出决策。——译者注

仍需要回过头重新就问题进行复述。而作为回答者的市场经理，想必也会用最为职业的态度，给数字提供最合理的解释。这场追问的过程，最终为这项业务省下一大笔开支，节省很多后续调查的时间。

4. 如果你的问题引发了愤怒，不用争吵，解释、询问、重新定向就够了。

我们之前已经讲到了使用提高嗓门的办法来质疑的案例。但来自回答者的愤怒，以及随之引发的争吵、辩论，在大多数情况下是毫无意义的，应该尽量避免。有时候，这仅仅是回答者回避问题的一种有效计谋。在人事部门同员工在某个敏感的议题上发生对峙时，比如讨论关于旷工的问题，很容易引发员工情绪化的质疑。

> **问**：你凭什么说你打电话的时候我都没在办公桌旁边？你知道我每天要接多少电话吗？你知道我得在电话里忍受多少废话吗？！

但现在忍受废话的是这位员工面对的上司——她的经理。如果对话这样持续下去，经理就得想办法重新关注焦点。在这个案例中，公司支付薪酬让员工接听电话，并为其提供了灵活又有弹性的工作环境。而她用愤怒来回避上司的问题，这种做法明显反映了问题所在。这种回答方式，在各级管理者当中也很常见。

有一位来自大型跨国企业的副总，同时兼任部门经理。他所负责的一项业务出现了难以置信的收入增长。当总裁让他对这一现象进行解释时，却激起了这位副总的怒火。

> **副总**：你应该给予为这份工作做出努力的员工更多的鼓励！我们的业务进展非常不错，管理团队克服了相当严峻的挑战，我认为你应该为他们鼓掌！

总裁：谢谢你，伯特，你为你的业务和团队说了不少话。

这是一场公开会议，年迈的伯特认为自己用夸张的表现，帮自己摆脱了总裁的纠缠，事实上，之前他就用这种方式回避过很多问题。不过，总裁让手下在接下来的日子里继续进行追问。不久，审计结果显示了他所在的部门在财务方面一系列的不规范行为。伯特只好选择提前退休，结束了现在的工作。

5. 不问无关紧要的问题。

一家农产品企业研发出了一款新型鱼饵，它的原料来自于某产品在生产环节中的废弃物。这是一款环境友好型产品，有很多优秀特性。它变废为宝，解决了固体废弃物的处理问题；它无毒无害，可以生物降解，是十足的绿色无污染产品；它的成本低廉，对于提高销售额是绝对的利好消息。

大家针对这款鱼饵的制造细节，举行了足足两个小时的技术攻坚会。在会议终于快要结束的时候，一位经理抬起头，问了一个简单的问题："所以你们能不能告诉我，鱼儿喜不喜欢这个新饵料？"

如果鱼儿不喜欢这款饵料，那么解决这么多生产环节的技术难题都是徒劳，对产品销售毫无用处。最后的结果是，鱼儿果真对这款饵料不感冒。

6. 用收敛性问题结束询问。

这种策略让无休无止的讨论找到一个节点，得到一个结论，或者让大家认识到分歧的存在，暂时搁置争议。除非讨论还要继续进行，否则最好还是用一些收敛性的问题，对已产生太多不同意见的讨论进行总结。

收敛，并不意味着已达成一致意见，它只意味着，讨论是时候回归焦点了。

问：零售材料里面可以用来销售的还有哪些？

问：因为我们好像再也不能同时支持所有产品的销售了，所以我们可不可以设定一个原则，依照这个原则，选择优先销售哪些产品？

7. 虚心求教。

对于处在任何管理岗位的人来说，以虚心的态度进行提问，最终可以解开所有的疑惑。

问：你为什么说"我不会明白"？

答：你不会明白的。你明白我们在这个部门每天是怎么工作的吗？你知道在这个地方得到升职加薪需要付出多少努力吗？在你跟高层领导作出什么承诺之前，可以先问问我们的意见吗？

就这样，案例中的部门经理熬了整整 3 个小时，坐在那里听员工不停地抱怨。没过一会儿，她就会打断一下，插入一个阐明型问题，要求他们详述，但在其他的时间，她就那样坐着，聚精会神地听对方讲他们一直以来的遭遇。

原来，他们一直非常不适应这位做事亲历亲为的经理。他们部门历任的几位经理，都是那种放任型领导，前两任经理跟同事相处的时间，甚至还没他们跟高尔夫球在一起的时间长。这位新任经理的首要任务，就是唤醒死气沉沉的慵懒团队，她想通过向管理层提出一个非常高的增长目标，来激发大家的斗志。3 个小时的控诉结束后，大家发现对于已经上报的增长目标，他们已经无能为力了。这位管理者也发现，整个团队都没什么动力实现目标，他们只是想跟过去那几年一样碌碌无为混日子。这些人当中，没有人因为表现优秀得到过任何升迁的机会，或者物质方面的奖励。他们非常愤怒，但愤怒矛头并不是指向经理本人。

在改革了激励机制之后，这个团队发生了变化，他们最终竟然超额完成了既定目标。年底，他们得到了公司丰厚的奖金激励。如果不是要决定推进这个增长计划，经理永远不会知道团队表现平平的真正原因，没准她还会以为仅仅是由于前任经理工作做得不到位呢。

8. 不要问太多。

我的一个好朋友，他曾是一位企业战略顾问，有一次，他被推荐到一个更高级的职位。不幸的是，他有个习惯，就是会在参加的每场总结会议上，都提出太多太多的问题。他觉得，这就是他的职责，找出企业越多的软肋，战略计划才能越加完善。但这种做法没让他受益。虽然大家都领略了他的洞察力，但他还是被调离了，原因就是他不知道该在何时停止。

在本书前面的部分，我们也讨论了问太多问题的弊端。一个人有一两次咄咄逼人并不一定能产生什么不好的影响，但如果变成日常工作中的习惯，就不是一件好事了。如果需要做持续的追问，那么应该转到更加私人的场合进行。然后，围绕主题进行提问，在得到你想要的答案之后，就不需要再问更多问题了。

9. 听完完整的回答。不要轻易打断别人（除非出现了明显的错误或欺骗）。

这是对人基本的礼貌，但是很多管理者都没有做到，特别是那些较为自负的人。他们的做派，好像在炫耀他们就是有权打断别人一样。员工正在就上一个问题进行思考，并且逐步做出回答的时候，他们又会用其他一系列问题提出质询，让前者没办法对问题做出很好的解释。这样做，既是一种不好的行为习惯，又是一种欠佳的管理方式。

10. 结束提问后不要再拖泥带水。

最后一条法则看起来显而易见，但是想必你也时常会目睹有些人，在已经完全没必要的情况下，还继续沉沦于某个话题，纠缠不清。如果你不知道是不是还会有更多回答，那就先用停顿，或者用手势提出静默的问题。对方如果认为还有没说明白的地方，就会在这个时候额外补充一些信息。如果不再有更进一步的信息出现，那就意味着你已经接近提问的尾声了。如果以后再想出新的问题，希望得到阐明的时候，你完全可以回头继续提问。

━━━━━◆◆◆◆◆◆◆━━━━━

管理者在想让大家重回讨论主题的时候，常常会忘记使用问题这个工具——一个能重新定向的问题。他们习惯于在想起这件事的时候，简单地"命令"大家赶紧回到正题。一个重新定向的问题，让大家的焦点瞬间放在了如何应对管理者的提问上，而简单的"命令"，仅仅是让大家返回这个泛泛的主题。所以，通过提问题，可以让讨论快速地回到正题。

下面，我们来看一个在讨论中应用问题的实例。

实例：为新市场制订商业计划

问：（阐明）作出这个市场增长的预测，你有没有参考什么资料？

答：我提到的这些数据来源于我在网上读到的一篇文章。

问：（追问）具体是在哪刊登的文章？

答：4月1日那天《无名日报》上的一篇文章。

问：（开始深究）这还不够啊。这个引文来源不是很可靠（不用作为重大议题特别提出，运用消极问题表达你对引用材料的感受即可）。那家日报不是刊登"无人知晓、无人关心的知识"的吗？

答：是的。

问：（继续深究）作者是谁？

答：亚当·斯密博士（Dr. Adam Smith）[1]。

问：（继续深究）你有没有把这份引文跟其他材料进行比对？

答：没有。

问：（收敛）那你能不能在会后找一找其他的材料？

答：可以。

问：（重新定向）现在，如果我们暂时接受你的预测数据，那么你最后一张幻灯片上的那些细分市场里面，有多少可以达到这个预测值？

这位管理者非常清楚这次会议的目的——这是一个审查新市场发展项目的讨论会，并不是需要做出决定的场合，一些数据问题可以暂时搁置。可是如果是需要做出决定的会议，在数据来源有疑问的时候，就需要管理者用更直接的问题去质疑，甚至去质问回答者了。另外，头脑冷静的管理者也会选择假设性问题来代替质问。

问：我非常担心亚当·斯密博士的文章会不会有些过时了。假如他的观点里面有一两条不再适用了怎么办？那会对你的预测有什么影响？

而直接的质疑则会有所不同，它能达到考核工作表现的目的。

问：亚当·斯密几个世纪以前就去世了。我认为他的数据有一点过时了。你怎么看？

---

[1] 亚当·斯密是18世纪最伟大的思想家之一，古典经济学的奠基人和集大成者，著有《道德情操论》《国富论》。——译者注

但这种提问方式并不好，除非对方真的执拗于自己的意见，很难顺从你。

特定的提问策略是需要根据情境，当机立断做出选择的。而一般的提问模式则相反，它们可以在本章讲到的提问原则基础上，综合运用第六章讲到的各种问题类型。

提问的前提是，管理者应该假定自己对所提问题一无所知，而不要依赖自己业已知晓的信息。对所不知晓的信息进行提问，这也是提问策略的坚实基础。

寻找策略

策略是为实现某种目标而制订的计划。在日常商务场合提出的大部分问题，都是那些更为宏观的商业计划的一部分——它们是帮助企业完成任务、达成目标的漫长过程的有机环节之一。但如果你提出的问题是为了深究、调查或其他一些特定目的的话，拥有一个计划，同样也是至关重要的。

在这些有特定目的的情境中，推荐使用以下明确的策略：

※ 做出深究
※ 使用追问式的提问
※ 评价想法、计划、产品、难题
※ 调查某个特定的情形
※ 控制讨论走向
※ 问不容易回答的问题
※ 找到致命弱点

列出你急于想知道的那些方面，以及一些特定的问题，这样，你就会更容易获得自己想要的信息。

65. 追问和深究

追问，是对话中常见的一种提问方式；而深究，则可以看作追问技巧的延伸。

针对在推理、分析过程中产生的谬误，或者在表述过程中发现的遗漏，用好的追问式问题探讨细节，可以为你带来更有说服力的答案。在观察到错误的时候，使用追问的方式，比起直接指出错误更有用。使用追问式提问的目的，并非要弄清真相、澄清是非，而是要将精力集中在对于决策更为重要的事情上，例如财务、会计上的考量，或者如何展开经营等事项。

在企业管理中，很多关于市场情报的推测和判断，都是综观各路形势、不断调整目标所得到的结果。企业需要以长远发展为重，不断地在产品上推陈出新，提高销量，解决难题，采用或废弃一项技术，以及探索新的机会。为确保整个经营过程万无一失，或弄清既有的判断是否准确无误，企业就常常需要把注意力放在财务和会计的各个方面。当数据产生了种种问题，或发生了不合情理的事，就要求助于提问来探究背后深层的原因，这对企业来说是非常重要的工作。

另外，对于决策问题、成本问题或其他与经营关联不大的众多细枝末节问题，就没有必要花太多功夫去深究了。仅仅在当你发现关键的信息被隐藏、重要的议题被回避的时候，追问，才是一种必然选择。

　　经理：安然先生，请告诉我，我们的项目从 4 月份的零收入，到年底收入增长到 4 000 万元，你是怎么做到的？

　　安然先生：我们先是烤了很多面包四处贩卖，直到我们买下了北海边上的大片风车房，然后把风车发的电输送到南美洲。

　　经理：说到烤面包，让我忽然觉得挺饿的。咱们中午去哪儿吃？

　　虽然转到关于午饭的话题，但这可不是追问式的问题，不过这种算不上追问的说话方式倒是很常见。在这个情境当中，追问需要迅速转变成深究。这两种提问策略，将在接下来的两节分别进行探讨。

66. 追问式提问

　　追问式提问可以将讨论引入更多细节当中。这些提问可以针对先前的活动或对话，进行进一步回顾，也可以在当前话题之后，紧接着提出要追问的问题。

　　追问之前的那些讨论的基础，是非常重要的。务必要记住的一点是，对话就像短信收件箱中的那些信息，虽然在和周围的人用言语交流时没有用各种字符进行记录，但每句话的继续，都是以之前对话的背景为基础。而追问式问题就要在当前进行讨论的这个背景之下作为讨论继续的途径，或者，对于大多数管理者来说，作为更加深入地理解议题的途径。

　　下表列出的，是能够灵活运用在大多数场合中、满足一般提问目的的追问式问题。这些问题可以是开放式的，也可以是封闭式的，完全取决于议题本身的性质。

　　例如，如果想要知道参考材料的名字，那么问一个简短的封闭式问题，通常就能够达到提问效果了。然而，如果对于一项执行计划的建议有着诸多不确定和不放心，那么用更开放的表达方式提问会更加有效，比如"你提到的那些是什么意思"这种形式的提问可以保证在没有主观偏见和盲目判断的前提下，让事件更详细地展现出来。

　　间接问题在追问时应用得不是很多。消极问题，同其他类型的问题比起来，也较少在追问中使用。消极问题在讨论中常常会被避开，因为由它们引发的争议比通过它们解决的问题要多很多。管理过程需要适时进行收尾，这是一项比较特殊但实为必要的工作，而消极问题在很多情况下并不有利于收敛和结尾。尽管在诘问等特殊情境中，消极问题有其使用价值，但在经营管理工作中，由于存在一些别有用心的内涵，这种问题会让讨论变得复杂化。对管理者来说，更好的方法是直截了当地说出问题，表达他的意见、信念以及想法。这样做，才能保持团队活力。

问题类型	用于追问时的潜在功能
直接问题	要求回答者直接给出答案
开放式问题	也许需要将事情的前因后果都讲清楚
封闭式问题	追问式提问中最为典型的提问方式
停顿问题	细化关键环节的有效途径
沉默问题	鼓励说话者继续展开的方式
一个词的问题	快速追问，例如"什么时候""在哪儿""为什么"
假设问题	允许其他信息进入话题考虑的范围
阐明型问题	另一种常见的追问问题
二选一问题	在两种选择或两个情形中进行选择时使用

适用于一般场合的追问问题

下面是一份简明参考列表，它列出了各种可以用于追问的具体问题，能够在多种场合下使用。这些问题是提问者在额外询问过程中的备选手段和渠道，其中有一些可能是开放性的，能够给参与讨论的管理者、董事会成员及其他人一个深入探究议题的有效机制，而不让人看起来生硬无理，仿佛别有用心。很多管理者只会把他们在管理实践中常用的那几个习惯问题放在追问环节之中，但这样做限制了太多其他可能出现的结果。当他们开始使用不同的工具、不同的问题，那么就能为新视角的产生提供机会。对于管理者来说，展示一系列与众不同的提问路径是非常重要的事情。

你提到这些是什么意思

最后结果是什么

通过什么方式

这是怎么发生的

这次的情况和以往有区别吗

这次的情况和以往有什么不同

你预计这会在什么时候实现

这种情况多久发生一次

你倾向于哪种方式

可以举个例子吗

这个故障对今天的操作有什么影响

然后发生了什么

还有谁

多少钱

什么时候

在哪儿

这是怎么发生的

你对以上的事实还有什么不同的见解吗①

哪些具体情境需要使用追问式提问

当我们围坐在会议桌前，因为各种原因需要进行追问时，往往人们全都无动于衷，即使我们每个人都知道该对此进行追问，需要抛出更多问题来对议题加以补充。当面对下面描述的任何一个情境时，千万不要错过追问的机会。

对假设描述不清楚

例：对于这款产品将达到 20% 市场份额的预测，你做假设的真正意图是什么？

例：虽然看起来这个主意不错，但这个结论的理论基础是什么？

例：那么你的假设和这件事之间有什么关联？

对上次提问的回答不完整

例：你刚才说汇率变低了，是和哪种货币相比？

例：我刚刚没明白你的回答。可以再解释一下吗？

例：你刚才又说了什么？

例：能不能更详细地解释一下呢？

---

① 侦探福尔摩斯对华生说的话。

答非所问[①]

这是个严肃的议题。有人常常会将其转换成一个迥异的问题再回答，与原议题的指向差异巨大。他们这么做的原因，很有可能是试图转换话题、重新为讨论内容定向，或是为了避免说出让人尴尬的答案，或是由于没有准备好相关议题，他们希望回避作答。

接受过传媒训练的管理者，都知道如何顾左右而言他。主管们在接受媒体公开采访时，常被问到自己回答不了的或者永远也不想回答的问题。这些主管会想办法在采访者或摄像机前摆脱尴尬局面。在一些问题上采访者可能得不到想要的答案，因为受访者可能会从非常不同的角度，针对不同的事情发表自己的看法。虽然在电视镜头前，人们可以用这一策略成功摆脱提问，但管理者在提出问题时，不应该让回答者牵着鼻子走，更不应该被无关的答案分心。

这也可能是一个需要进行深究的信号。在对方答非所问的时候，应对的第一步就是亮出一个追问问题。如果问题仍没有得到有效的回答，那么就需要深究了。回答者不按照提问要求回答，一定有内在的原因。一个人不可能随便在说话中犯错。

没有必要用质问的语气重申一遍问题，来达到拨正讨论方向的目的。直接提及刚才的提问内容就可以了，例如表明你希望能重新审视这个问题，或者强调一下问题主旨。

> **例**：好的，我明白你说的意思，但是我问的是另一个问题。

> **例**：你说得有道理，但是我还是想知道，为什么我们要买下格陵

---

① 千万不要根据这种错误答案的引导进行追问式提问。这种情况恰恰是需要做出深究的信号——请回顾"追问和深究"一节中的类似情境案例。

兰岛（Greenland）？

  例：你说得很有意思，不过，问题是你为什么在气球上花费了好几千万呢？

  例：在讨论蟑螂问题之外，我们还得找到解决白蚁问题的方案。

  记住，不是所有的问题都听起来像在质问，或者使用问句的语气。例句中的第一个和最后一个表述，实际是在评论中包含了问题。因为对方的回答显然并不是问题指向的那种答案，所以才有了这些评论和反应。

需要询问参考资料或信息来源

  在任何会议中，都会有各类专业人士的参与，尤其是一些讨论技术议题的会议。我曾听说有位管理者因为在会议议题的某些方面不太熟悉，不得不中途离开了会议室。但其实正是在这种情境下，才有更加开放地使用各种问题的机会。

  这种需要追问的情境，经常能在医药主题的讨论会上碰到。在关于健康的话题讨论正酣之时，每名观众或参会者都对学习某一方面的研究成果表现出浓厚的兴趣。其中一些人通常是这一领域的全才，有很多相关的经验，希望其他员工掌握更多有关的知识。而他们所讲出的数据和数据的准确性，都被大家认为是毋庸置疑的。并且，大家普遍的想法是，这些基于材料而提出的意见或假设，都是忠于客观事实的。没有人会在这方面犯错，否则有可能给自己的职业生涯带来磕绊。

  请求提供参考资料或信息源，不是说对这个主题有多大兴趣，想去通过资料一探究竟，而是想表达对提供的信息有所不确定，认为值得去质疑。在太多重要的讨论中，参与者都引用了大量关于数据、趋势以及政府行为等方面的信息。但请求给出信息源的做法，并非每次都要使用，而是要看实际情况。

当某人列举的事实让人诧异或与事先料想的结果不一致时，询问一下信息的来源就是恰当的。另外，对于支持当下流行观点的说法，也需要警惕它们的来源，不要过于盲从。

例：可以告诉我其他的参考资料吗？

例：我想了解更多这方面信息的话，应该去哪儿找一些比较好的材料呢？

需要询问信息提供方

例：你在坎大哈（Kandahar）① 的联络人是谁？

例：你说的这些人当中，是谁告诉你这些信息的？

例：你能列举一下他们的名字吗？

例：他们都是谁？

例：关于音乐麦片（musical cereal），我如果还想了解更多信息的话，得向谁打听？

例：还有没有人跟你持一样的意见？

需要提及之前的讨论内容

例：能不能以你昨天回答的方式再把这个解释一遍？

例：你之前说过，骆驼是当地主要的交通工具，那你计划怎么实施你所提及的这个市场调研方案呢？

例：这跟之前我们说的那些有什么不同的地方？

---

① 阿富汗东南部城市。——译者注

需要更透彻地熟悉一项议题

你对主题已经有足够的了解了吗？要确保是否已经了解得够多，可以问问自己："如果我在法庭上被问到这方面的内容，是否能够从容应对呢？"

> **例**：在我们做出决定之前，还有没有需要再了解的地方？

> **例**：还有没有什么问题我们没有解决？

法规制度。 当参考资料涉及一项法规或其他规章制度，由它引出需要做什么，以及不能做什么，那么管理者就需要全面考虑这项法规。例如它具体是个怎样的规定？在这个情境中，它会如何影响你和你的企业？

> **例**：那项法规（制度）是怎么规定的？

> **例**：它的内在含义是什么？

> **例**：我需不需要更多相关的法规参考信息？

> **例**：你对自己所说的有多确信？

管理机制。 同法规制度的道理是一样的。

> **例**：这些规定都是什么，它们实施的手段是什么，遵守或违反规定的后果又是什么？

> **例**：哪个部门有权对这项规定进行解释？

> **例**：我们如何在这个机制下让大家遵守相关的行为？

> **例**：我们港口的工厂是如何接受总部规程指导的？

经济财务。 假如你对"一般公认会计准则"（Generally Accepted Accounting Practices，简称 GAAP）这个概念一头雾水，下次听到这个词语的时候，可以让交谈对象详细解释一下。我们在很多媒体的报道中都见到过关于大企业会计准则的文章，这一准则用于规范企业行为，不按照准则要求运营企业的经理，甚至可能会因此入狱。

> **例**：你说的"一般公认会计准则"是什么意思？

> **例**：这些一般应用在哪些方面？

> **例**：这些将会如何影响我们？

> **例**：你一直在说亚当·斯密，这个人是谁？

数据资料尚未说明

> **例**：我们要看到这些数据，最快需要多久？

> **例**：还需不需要做其他的测试？

> **例**：还用不用考虑其他的市场调研结果？

> **例**：该怎么找到我们需要的这些数据？

一家设备制造商将一款新产品推向市场的时间，比计划大约晚了6~9个月，这使得他们远远滞后于竞争对手。经理们请教了律师，问能不能先交货再签订合同。"不可以。"律师说道。没有人追问任何问题，律师也没有被邀请到团队会议上，因此她没有机会对这个回答做出解释。

产品团队本来计划参加一个两个月后举办的贸易展，在展会上展示新产品，然而他们到时可能没有新产品可以参展，所以市场部门决定请来律师，组织一场

> 当有效决策所需的信息不够清晰时，或当参与者没有充分表达自己的意见时，你应该提出追问式的问题。

会议商讨对策。律师解释说，虽然滞后签订合同是不合法律规定的，但她认为，客户有权提前储备为其定制的产品设备，所以在手续办妥之前，他们其实是

可以向客户展示这款产品的。

在贸易展现场，这家公司仅仅用这款设备的实体模型，就引起了客户们的极大兴趣。最后，在新产品上市的时候，它的订单数量在同类市场上名列前茅。

67.深究策略

深究的提问策略，可以看作追问式提问更为深入的升级版，可以为更透彻的剖析提供帮助。不过在深究时，你不必仅仅将兴趣限制在讨论一直持续的那条主线上。深究时要寻找的信息，可能是讨论或资料当中并没有提供任何线索的话题。当你面对可能不实的传言、有所防备的态度、半真半假的陈述、有违常理的疑点、有意误导的回答、已过世专家的研究资料，以及其他可能发生的情境，你需要做的就是深究。

还记得那位拒绝别人指正的经理吗？他在提出的问题当中隐含了自己的答案，当同事试图告诉他他的想法有误的时候，他就会与之争辩，不愿服输。有大约两年的时间，我都在目睹他的所有工作。两年中，我从来没有见过他对什么话题进行深究式的提问。即便他对出现在他面前的信息有异议，他也只是一句"跟这没关系"或者"你说的不对"，然后对这些争议置之不理。拒绝深究，开始让他变得目光短浅。

后来，他的业务部门经营不善，但不幸的是，他竟然被提升到一个更加重要的岗位上，让我不禁担心他会毁了另一部分业务。果然，他的工作成绩不太让人满意。

在深究之时，提问者可能抱有非常复杂的意图和目的。一位管理者把深究放在第一位，而不是提出简单的追问式问题，原因就在于，他试图将讨论从直截了当的问询，转变成富有深度的调查和研究。

最适于深究的问题

问题类型	潜在功能
直接问题	问题中包含的深究意图很明显，不会被误解
封闭式问题	通过让问题保持封闭，防止回答走上错误方向
过滤问题	移除与深究意图无关的信息
煽动性问题	对回答者形成挑战
诱导性问题	在某些情境下进行诱导可能是恰当的选择
一个词的问题	"为什么"的使用是最为有效的词语
双重直接问题	通过诱导，引出深思熟虑的答案
假设问题	用于发掘缺失或未考虑周全的那些信息
重新定向问题	用于避免回答者继续作出误导性的回答
负载式问题	用于引起争议的话题和情境

开始深究吧

下面的问题列表，代表了深究开始时，你可以按照自己的需求设置的提问形式。它们从类型上来说，已经基本可以满足大多数情境了。深究的过程远远要比追问漫长。例如，在一次商务会面中，一份参考材料来源于已过世专家的成果，你需要做的不仅是同时请教活着的专家，还要详细地了解为什么对方首先选择引用已过世专家的材料，思考这份材料到底有着怎样的重要性和参考价值。

在连续的一系列追问之后，深究的效果也会随之慢慢地显现。这个提问过程是不间断的。提问方向可以随时改变，如果管理者认为回答者的回答开始含混不清，他可以随时打断这种连续性，重新设问和深究。

» 我们还有没有其他的资料可以进行比对？

» 你知道哪里还有补充材料吗？具体是通过什么方式？这种方式的说法又是什么？

» 为什么特别选择了这位专家的研究结论？

» 还有谁也引用了这位专家的结论？

» 为什么？

» 你说的这些具体指的是什么？

» 我们还有没有其他需要注意的地方？

» 还有吗？你有没有一个需要注意的事项的列表？

» 具体来说，我们应该关注什么？为什么？

» 关于这件事，还有没有其他的地方让你们睡不好觉？（这是我的一个年长上司的习惯性问题，同时也是非常有效的问题。这个问题他会有很多版本，他用来引出很多在"正规"讨论中无法涉及的话题。）

» 你有多大的把握？

» 我们不能不考虑的因素有哪些？为什么？

何时需要做出深究

🔍 违背基本常识

之前曾列举了这样一个例子，一项业务的收入在 6 个月之内由零迅速增长到 4 000 万元。这种现象，按照我一位老同事的话说就是"完全违背万有引力定律"。常识告诉我们，如此迅速增长的可能性是非常小的，几乎接近于不可能。如果在没有一手调查的情况下出现了这样的增长业绩，那么你最好着手调查一番，关注它发生的真正原因。

例：你为什么预测世界上每个人都会买一件这样的产品？

例：那天风确实刮得很大，但怎么可能会让楼里的咖啡洒掉，而且还洒得整个服务器上都是？

例：德莱昂先生，你怎么知道你发现了不老泉水的配方？你有什么证据？有没有其他人试用了？最后结果如何？你说他们现在太小不能回答，指的是什么意思？[①]

提及已过世或联系不到的专家

来自已过世专家的资料，需要对其有效性存疑，因此应该深究是否能使用更好的参考资料。如果某一专家的结论成果对于目前的商务决策至关重要，但它已经有一段时间没有更新，超出了你决策可参考的时间范围，那么最好去深究能否转向其他的专家或途径去寻求答案。

例：对于这一理论，除了亚当·斯密，我们还可以参考其他人吗？

例：世界上这个领域唯一的专家身居南极洲，那我们还有没有其他的办法？

例：没错，监狱不是个适合开会的好地方，但如果再等一年，对我们来说太久了，对于有些人来说几乎等不起了，不是吗？

例：你从谁那里得到的情报？花了多少钱？你向别人打听要价了

---

① 此处的"德莱昂"是 16 世纪波多黎各总督的名字，他对不老泉水的寻找异常热衷。——译者注

　　吗？他们都有哪些人，都给多少钱？

🔍 当回答者一直无视追问的问题，故意回答其他的问题

　　如果发生了这种情况，要从追问模式立刻转变到深究模式。回答者做出这样的回答，背后可能有一定的原因。但是当你转变到深究时，一定记住，不要在问题中夹杂你个人的主观判断。你可能对问题背后的行为有一种猜测，并假想问题的关键所在，但事实上可能并不是这个原因。保持客观，直到你掌握了需要的各种事实，真相才能呼之欲出。做到这一点，在提问过程中是非常重要的。

　　使用直接的提问方式是不错的选择，这会节省很多时间。并且，直接问题对于更深入的提问也有好处，它能防止对方继续误解问题，避免在错误的回答方向上越走越远。

　　还有一点我还要提醒大家。为了深究，你可以转变你的风格，从一个为他人着想的、和蔼可亲的管理者，变成一个更有对抗性的、控制导向的管理者。对方对自己的回答方式其实心中有数，所以你必须让他明白自己需要最真实的答案。政治家、外交家可以运用迷惑他人的表达方式，对于企业管理者来说，没有这个必要。

　　不要顺着对方的回答，眼睁睁地看着他离议题越来越远。精于这种把戏的人，常会用一个偏题的答案作为诱饵，而且很可能这个偏题的内容恰恰是提问者非常感兴趣的事情。我见过很多管理者因此上钩，好几个小时之后，他们才发现没有得到自己想问的东西。

　　我曾目睹一位区域销售经理与销售副总裁的对话。这位经理来到了总部，参加一场会议，他来这里的目的是解释数十万账目出现的问题。

　　副总裁：艾尔，能不能再解释一下那些数字的问题？

区域经理：你也觉得很头痛是吧？你知道吗，关于辛普森公司的事更让我头痛。他们是我们在全国最大的客户，昨天刚刚接到消息，他们要取消跟我们的协议。我们不能给他们更多的优惠方案吗？

副总裁这时候不知道该如何转换到刚才提问的主题上去。很容易理解，辛普森是一个非常重要的客户，占到全国销量的20%。即使他已经察觉到对方在有意转换话题，但是因为这件事同样也可能造成账目上的巨大问题，所以他无法拒绝对这个问题的关注。所以这位副总裁可能只好选择盲从对方的问题了。毕竟对每天一起工作的人发难很困难，如果这个人是你认识了很多年的老伙伴，就更没办法开口询问真相了。

后来，年度审计报告终于揭露了这其中的财会违规事实。事情以区域管理层的调换收尾，而副总裁也受到了严厉的警告。

因此，建议在面对对方使用故意偏题的策略时，不要受其干扰，锁定你的问题焦点，坦率而直接地进行深究。

例：你明白我的问题吗？

例：你为什么不回答我问的这个问题呢？

例：你说的这些，跟我刚才问的有什么关系？

例：你能说一下刚才我问的是什么问题吗？

例：我要怎么解释，你才能明白我想问的东西呢？

例：我的问题里面，哪个地方你还没有理解清楚？

例：是，这也是我关注的一个方面。但是，我想知道你到底花了多少钱？

例：如果时间允许，我们再专门讨论这个问题。现在我们先回到我刚才的问题上来。你的回答是什么？

例：为什么不能好好回答我的这个问题呢？

🔍 当答案不够完整

这一点，同样也可能起因于回答者不想直接回答问题。例如，我就曾在有总裁参会的场合中碰到过这种情况，因为回答者知道会议时间有限，所以他避开了回答太多的细节。

例：嗯，看到房间又变干净了，我很满意。但是我还是想知道整件事的前因后果，当时老鼠是怎么进到这间干净的房间的？

例：你列举的数据的确展现了我们生产的水槽具有很高的质量水准，但是我还需要你回答更加细化的东西——我们所有的水槽质量有没有统一的标准？它们的废品率是多少？以这个废品率，我们在市场上的竞争地位还能保持多长时间？你们是否做了相关的调查？接下来有没有保持和提升质量的计划？谁为这个计划的实施负责？

这些问题背后其实有一个真实的案例。一位产品经理将这一问题巧妙地躲闪过去，以致其后数年这个问题都没有被他的上司重视。

这款产品，有将近一半在产品生产线上报废，但由于产品指向高端市场，销售利润极高，所以没有人注意过这个问题，没有人提过关于废品率的议题。这种情况持续到竞争加剧之后，问题的核心开始慢慢凸显出来。虽然这家企业最终解决了问题，改善了产品生产线，但是却为数年来的疏忽付出了高昂的代价。

例：我知道大家都很喜欢这个广告推广策略，但是我想知道消费者对这个广告怎么看？市场调研的结果是怎样的？你们深入真正的消费者群体进行调查了吗？

如果管理者的语调在此问句后面上扬，很有可能会带来更多开放式回答。

信息前后矛盾，发生事实性错误

我见过的一位总裁，在处理自相矛盾的信息时有一套很有效的解决办法。他会首先阐明自相矛盾之处。因为并非所有的事实性错误都来源于同一个人，所以将它们同时罗列下来，就使得问题昭然若揭。这些信息通常来源于几个不同的材料，而这种方式让被质询者更好地理解矛盾所在。

例：乔，昨天你的团队给我的消息是项目能准时完成，但是现在你又告诉我有可能推迟。能不能给我们解释一下？

例：对这个问题的解释本来只有3个，怎么现在又增加到了11个？

例：到底像你所说的，鸭子是自己跑到复印机里面的，还是像威尔森说的，是有人故意把它放进去的？到底是哪一个？

不相关的答案

当答案跟问题不太相关，就到了深究的时候了。在这里再一次提醒你，不要为了讨论某个话题而给对方设下圈套和陷阱，而是要让对方知道，他讲的东西跟问题没有关系。

例：对，因为干旱，树上的叶子都落下来了，可是我们的销售怎么也像这些树叶似的"嗖"一下就落下来了？

例：这条鲱鱼本身是什么颜色的不重要，重要的是，鲱鱼是怎么进到这批颜料里面的？

模棱两可的答案

模棱两可的答案一般会用一些有多重含义的表达方式，这让回答者可以适时选择时机站在一方或者另一方立场上。说话绕圈子、故意说得模糊不清、企图蒙混过关、拖延不决……有这些特点的表达，都是需要进行深究的信号。在这种情况下，用直接问题打破僵局，可能是最为可行的办法。

> **例：**我们都已经清楚土豆含有多种营养成分，并且知道鸡肉脂肪十分美味。但是，你能不能说说，当土豆在鸡肉脂肪里炸透之后，有多少营养流失了呢？

> **例：**虽然很有必要制定一项基本的规章制度，你说我们需要将每次讨论的决定书面化也非常有道理，但是我们现在需要的是一个具体的建议，那就是怎么提出这个申请。现在你手中有哪些数据？还需要做哪些研究？做完这些最快需要多久？都有谁参与？你现在觉得还没办法着手实施的原因是什么？

缺乏支撑答案论点的事实和证据

> **例：**这 1 000 家商场具体在哪儿选址呢？

> **例：**为什么我们提交美国食品及药物管理局（FDA）的数据申请被拒绝了？

> **例：**关于这个项目，我们应该了解却还没了解的有哪些方面？

答案反映回答者的期望

当你的问题引出的答案，包含很多类似"我们希望如此""但愿这样""这种迹象让我们很受鼓舞"的表达，可以考虑使用深究。如果不想让说这些话的人最后变成本·富兰克林（Ben Franklin）总结的那样："以希望为生的人，将死于禁食。"那么问清楚他们的希望所在是十分必要的。

例：对于你所说的"希望"，能不能详细描述一下？

例：你有没有什么数据，能证明你的那些愿望能够实现？

例：你对你期望的这个结果有多大的信心？有哪些东西现在可以支持这份信心？谁提供了这些资料？他们对于项目的兴趣和专长都集中在哪些方面？

频繁使用夸张的描述

例：你刚才回答说，我们两三天就能找到上百万的订单，那么在年底之前，你对客户数量的预测具体是多少？

例：虽然你说这种新药会颠覆世界对于药物的认识，但是具体来说，它会怎么改变世界？

无懈可击的回答

当对问题的回答呈现封闭的状态，看起来好像已经不存在任何潜在的问题、不用再对议题有任何困扰，这个时候，建议你使用深究的策略。

例：这个项目当中，还有没有什么地方让你夜不能寐？

例：如果在一些方面出了问题怎么办？我们应该怎么解释？

例：我知道，以现有的技术手段，我们的化肥几乎不会散发出气味，但是，如果发生了气味泄露的事故会怎么样？我们需要疏散出多大的范围保证人员安全？

例：虽然你说几乎没有这个可能，但是我们到底有没有进入监视区的机会？那样做的话会发生什么？执法部门会给我一个调查表，然后再审问我吗？

例：你对这项预测有多大的把握？你愿意赌上你的年终奖吗？

面对"没有正确选择"的回答

在个别情况下，特别是当企业需要对相关负责人进行问责的时候，常常会抛出一个选择，供管理者进行甄别。有时候，管理者仅仅有两个答案可以选择，但这两个答案都不是他想要的。

有这样一个案例情境，一位客服代表从他的一位非常重要客户那里得到了一条产品投诉反馈。但是客服代表想极力避免任何关于产品质量上的指责，所以他让客户经理向客户转达产品出现问题的两个可能原因。

"要么就是安装的时候把电线错插在电话插孔里了，要么就是客户把配件插到直流线路里了。"显然，客户经理没办法接受任何一个选择，还是需要向他深究产品发生故障的根本原因。

> 例：还有没有其他的可能？不要告诉我没有其他可能了。

> 例：以前有因为这些原因发生过问题吗？有过多少次？

> 例：在什么情况下我们需要对这几个选择加以考虑？

> 例：大头针、子弹确实能刺破气球，但是你觉得气球在 7 000 多米的高空爆炸，也会是同样的原因吗？

尚未触及问题实质

当答案中列举出的各种原因仅仅局限在对问题表面的回答，回答者所下的结论尚缺乏有力的证据，那么这个时候同样需要深究。在这种情况下，我见过的最好的深究方式就是，首先阐述回答者在回答中已经确认的部分，然后就那些还没有充分证据的、没有被完全证实的部分，做出深究和考证。

> 例：你的回答很有道理，每年 8 月，那个地方的草就会因为干旱变成灰色。但是你有没有证据证明我们的化肥不是导致草叶干枯的原

因之一？

例：任何时候都会有人斑秃，但很少有所有人同时斑秃的情况。我们的产品让 1 000 多人在两天之内秃顶了，所以是不是产品里面有什么成分不对？

直觉

相信你的直觉。直觉可能并不会把你引到一个具体的问题上，或者让你一下子看到议题的重点，但是当你感到不确定、充满疑虑或者仅仅有种好奇的时候，直觉可以帮助你找到一些更有价值、更为深入的提问线索。

> 在打算对你不甚满意的答案进行追问时，考虑深究的策略至关重要。

68. 管理者有必要控制谈话过程吗

律师会利用问题控制证词。同样，管理者也可以利用提问方式，对谈话的过程进行控制，但是这应该局限在一些特定的情境之中。谈话控制策略，要求提问者准备一系列成套的问题，而且要尽可能地提早准备。如果实在不能提前规划，起码你要在开始进行提问时，能够预见将要提出的一两个问题。如果没有用一系列相关联的问题加以引导，很多对话就会变得不着边际、难以控制。

有一位管理者，她的工程师们在会议上常常会失去控制，这甚至已经变成了一件司空见惯的事了。为了让这些任性的工程师完成会议内容，这位管理者会使用一整页的问题，作为控制会场的手段。电气和软件部门的工程师经常会和机械工程师的意见不统一，于是引发冲突也就是家常便饭了。如果冲突持续，最终结果一般是互相扔办公家具。

这是一个新成立的业务部门，它由一间仓库改造而成，现在已经成为一个项目服务中心。这里的家具都是塑料制品，其中大多数在运过来之前就已经有所损坏了。当然，不管大家情绪看起来多么激昂，也没人会直接抡起椅子砸。他们常做的，是把会议桌推翻。渐渐地，这也成了会议结束的例行标志了。

有人会在这时候说：很好，很好……如果是这样的话，那我就……

然后，这张折叠会议桌，这张看起来是从小吃店淘汰下来的锈迹斑斑的桌子，就应声倒下了。这意味着一次头脑风暴的结束。大家离开房间，讨论就自然而然地转移到了午餐该吃什么的话题上。

这位管理者之所以能够容忍他们翻桌子的行为，是因为这帮人有着过人的才能、超常的技能，他们是一群富有创造力的特殊生物。她只需坐在屋门边的一张茶几上，把她的问题一个接一个地抛出来，引发他们的讨论。不是因为她无视眼前的混乱，而是因为她真正懂得她的团队，也清楚自己的本

当你遇到失去理智的情境，请永远记得要找到一个合适的解决方法。

来目的。工程师们真的很喜欢对提出的问题较真儿，这也是为什么，即使互相扔东西，也不会造成什么人身伤害。

在下列各种情境当中，使用提问控制策略，是非常有用的：

※ 要在难协调的群体中建立秩序

※ 应对一连串难题，需要聚焦主题

※ 当团队毫无进展时需要促成决定或达成一致意见

※ 要确保在计划时间内完成会议讨论任务

※ 当某个人或小组的意见有限，需要获得更多信息时

※ 要开始进行深究时

※ 在继续讨论之前，希望检查相关数据时

应用控制策略时可选择的问题

问题类型	能带来的正向效果
直接问题	提醒会议目的，保持主题清晰
夸张化问题	提醒大家关注焦点
封闭式问题	引导讨论得出完整答案
假设问题	帮助判断是否还需要深究
收敛性问题	促成一致意见和决议
重新定向问题	将讨论重新引入问题范畴

69. 提问策略：难以回答的问题怎么问

难以回答的问题，通常都是会让回答者感到不舒服的问题。有些管理者发现自己很难将类似问题问出口。但这对于日常管理来说，并不是好的

习惯。在这种情况下，一般会是怎样的气氛和情形？很有可能是企业面临着一些压力：一个失误或一次欺骗，如果持续存在，就会让矛盾变得异常尖锐。

人们常会认为这是太过于私人的问题——因为回答者都是一个个的个体。明知道会引起某个人不适，还要向他问出这个问题。这样做是否妥当呢？我们都会下意识地这么想，然后开始犹豫要不要问这个问题。这是一种很自然的反应。因此，管理者碰到这种情况的时候，首先应该牢记这个道理：当你需要问对方一个难以启齿的问题，你只是要"完成你的工作"而已。

我曾经对很多员工提过让他们难以直接回答的问题，这其中有沉迷毒品的、被怀疑盗窃的、被指控性骚扰的，以及主导或参与了一些问题事件的人。当然，这些和本书内容无关。当涉及违法议题，如果你有机会，在提问之前要寻求警方和专业人士的意见。如果突如其来的状况让你措手不及，那你就需要为这次"难以回答的提问"制定有效的策略，化解"措手不及"的事件带来的影响。

在很多类似情况下，你都需要使用比较正式的质询方式，而深究策略恰恰是其中不可缺少的一个环节。这个时候，通过深究了解详细情况可能会暂时让你"跑偏"，但这些问题最终能够让你贴合最初的疑问焦点，让事情逐步展开，让答案逐步明晰。如果你发现谈话的气氛开始变得严肃起来，那么就可以通过深究将你想要问的问题表达出来。

提问之前，对于回答者和提问主题的充分了解和充分准备是非常必要的，否则你使用提问策略的效果会大打折扣。

何时需要使用"难题提问策略"

情境示例	提问策略
提供的数据有错误	使用怀疑数据准确性的问题
提供的结论有错误	运用假设性问题提问
提供的资料有问题	深究参考资料的可靠性
违背常识的事情	深究原因到底是什么
不可能发生的事情	运用假设性问题反驳
坚持己见，毫不让步	深究原因到底是什么
观点偏颇不客观	直接提问

在讨论中提出强硬问题，很有可能损害人际关系。这些问题的使用，都应该是管理者充分斟酌各种风险之后的结果。这一策略要求管理者对讨论的参与者及讨论议题具有比较全面的了解。

例：整个公司的收入只有 100 万元，你们部门怎么可能有 100 万元的收入呢？

针对伪造的或来源存疑的数据提出疑问，很可能会随之带来一些负面的影响。除非管理者能熟练运用谈话技巧，否则很难就事论事，直白地指出这些问题。在当事人可能都还没有意识到数据中的谬误时，管理者不得不小心地选择一些特定的问题，表达他们对数据的质疑。

我见过的很多管理者不会盲目地轻信任何人，他们会使用拐弯抹角的质疑方式，模糊地表达自己的感受。这种策略好的一点是，在他们不带个人色彩的问询当中，没有人会把这误解成针对自己的发难。但是，毕竟在管理者心中，对方是有点不太让人信任的，因此组织气氛很容易发生变化，从一个协作的团队变成一个全副武装的军营。有一些管理者，甚至在需要认认真真地对事情的真实性做出探究时，都不会准确地表达这种质疑，因此别人总会利用他们的这种弱点，企业的收益自然也就会在某些情况下受到损害。

在你准备开始为更多细节做出深究时，可以尝试下面一些表达方式。也许在深究之前，你就有机会看到答案的一隅：

谁参与了这次调查？

还有谁目睹了这件事？

可以告诉我这个消息的来源是什么吗？

你的假设是什么，然后怎么验证这个假设？

我们的律师会对此发表什么样的意见？

你和谁进行讨论了？

因为我感觉他的数据有问题，所以我想找他谈谈，你觉得这样做合适吗？

你敢把你明年涨薪（或奖金）押在这件事上吗？（这个问题会问出比真相更多的信息。）

你有没有考虑到各种可能发生的情况？

你为什么这么认为？

在这件事当中，你有没有什么地方没有做到完全客观？

你个人的意见是什么？

"难题提问情境"中有用的问题

问题类型	功用
直接问题	明确目的
封闭式问题	寻求答案，而不是故事情节
煽动性问题	当需要挑战对方的观点时
诱导式问题	在必要时帮助深究主题的某一领域

（续）

问题类型	功用
沉默问题	利用沉默，让当事人设法填充空白并作答
一个词的问题	"为什么？"这个问题非常有效
重新定向问题	常会用到

在我新入职一个岗位几个星期之后，某天下午，发生了一个突发事件。一通电话从西海岸最大的分公司打过来。电话那头，一位男士愤怒地痛诉着，几乎到了语无伦次的地步。我最终了解到，原来是他的助理受到了我的一位新同事的严重骚扰。我迅速将这位同事从加州分公司召回到东海岸总部，并在这段时间请教了法务部门的意见，准备了一些我认为合适的问题。

最后，我们并没有像之前威胁的那样取消与他的合同，也没有启动法律程序。在问了这位管理者一系列问题之后，他承认了自己的错误，并被降级、重新分派，然后被要求进入一个公司问询的程序。不过由于问询时他面对的题目比较私人化，这让他起初的回答有点难堪，让我们双方都很尴尬。

70. 提出挑战

如果想要向对面的某个人或一群人提出挑战，你可以选择使用一系列不同类型的问题。但问题是，为什么你要挑战他们呢？这样做，会不会引发冲突和对立？

答案是肯定的，虽然不一定每次都带来冲突。只有让人们感觉到，提问者仅仅是针对事情本身的真相，而不是质疑与事情有关联的具体某个人时，挑战才能够避免带来冲突。"假如……怎么办"的提问句式，在这种情形下会相当奏效。

> 假如我们的竞争对手来制造我们的产品，会怎样？
>
> 这个季度末如果我们亏损，怎么办？
>
> 假如我们得把价格砍下一半来才会有人买，该怎么办呢？
>
> 假如我们需要裁员到现在的一半，该怎么办呢？
>
> 假如我们没有了任何通信手段，会发生什么？
>
> 假使我们是错的呢？
>
> 如果我们的假设是基于错误的信息，那该怎么办？

这种挑战的方式，能够比较少地引发冲突，避免了直接向回答者索要所谓的"证据"，来确认其言论的准确性。我就曾目睹一场会议被活生生地转变成一次严酷的法庭质询。用"假如……怎么办"来提问，也可以启发更多的思考，让整个组织成员明白，管理者很乐意跨越日常讨论的边界，去聆听更多的想法。

但是，当"假如……怎么办"变成终止讨论的工具，作为控制会议的问题出现，反而会妨碍讨论的顺利进行。例如，一位总经理正在听取研发部门的汇报。在听了关于他们的新技术同竞争对手相似技术的比较之后，研发总监问道："如果我们注册他们的技术，并且融入到我们的生产线，这么做可以吗？"

> 使用或者允许使用"假如……怎么办"，用于启发新的观点和想法，同时让大家感受到公司对于自身创造力的重视。

"假如牛都长了翅膀会怎么样？我们肯定都以为自己眼睛花了吧！"总经理这样接话道，于是关于这一话题的讨论迅速就熄灭了。他不想听到任何与他的计划相左的新想法或者新概念，自然，他也不希望任何商业上的假设和挑战出现。这样做真的可能会有灾难性后果。

这位研发总监是由上一任总经理任命的。听到这种腔调，总监本人明显地感受到他不再被上司需要了。在岗位上停留了一段时间之后，研发总监跳槽到了另一家公司，他还挖走了领导的几个优秀研发成员，这家企业因此元气大伤。

71. 引发异议

"一团和气"并不是必须要追求的效果，在很多场合下，它也不是一件好事。在健康的企业环境中，人们可以提出对决定的异议。管理者们也有必要创造出能够鼓励提出异议的工作氛围。很多管理者都自以为他们已经做到了。然而，很多管理者的问题就是，明明在为宽松和包容的环境做努力，现实情况反而是诤言一点点地被压制下去了。

我曾经遇到过一位和善而又精明的管理者，在一家大型电子元器件制造企业领导着一个销售团队。他的员工对他的评价非常不错，在大家眼里，他是值得效力的最佳上司。在调岗到这家企业的市场部门后，他发现了原有市场策略中的几个明显漏洞，于是将这些策略彻彻底底地修改了一遍，然后形成了一个计划草案，并把它们传给大家看，希望能得到修改意见。他的草案极其详尽，想法也近乎完美和成熟。结果，他收到的反馈数量是零。

他将计划给副总看了一下。副总对他们的团队了如指掌，他知道，这种情况预示着一个潜在的问题，"没有麻烦"意味着"有大麻烦"了。于是，他特意为市场经理和他的团队成员组织了一场重要会议。

叫喊！接下来就是整整两个小时针对市场经理的大声叫喊。他们批判他的计划草案，批判他的管理方式，批判他的每一个毛孔……

为什么会出现这种情况呢？市场经理到底做了什么，导致大家如此歇斯底里呢？他并没有什么地方做得不对啊。

他并没有做错什么事。他已经做了足够多的事，以致他的下属感觉自己已经找不到可以干的事情了，这其实就是造成现在这种局面的最重要原因。他是一个依靠自己头脑行事的管理者，他足够聪慧，用自己的才能主导了整个团队的前进方向。然而，他的缜密思维和对信息独到的把握，使得其他人提出任何有价值想法的愿望都变成了天方夜谭。他的风格所导致的另一个问题就是，他实在太"完美"了。

人们并不想挑刺批评他，所以他们只能对他说出的任何事情都唯唯诺诺，好继续开展他们的业务。这位市场经理从来没有意识到的是，他对完美的执着，对细节的关注，让他失去了聆听异议的机会。治愈这种情形的唯一良药，就是——提出问题。当他没有收到任何反馈的时候，他应该做的，就是深入到大家中间，一个一个地请求分享他们的观点。也许这并不一定能带来更多回应，但至少他会被看作是一个热爱聆听、懂得提问的领导者。

使用"为什么"或"怎么做"等问题，可以让大家的异议更容易显露出来。

为什么我们接受这个决定至关重要？

我们时间有限。怎样才能确保那些对此有意见的人都能有机会表达自己的想法？

为什么没人敢反对？

这件事怎么做才能更加与众不同？

有多少种不同的方法可以解决这件事？

我们怎样才能在做这件事时花费更少？

为什么每次我们都要这么做？

为什么我们一直依赖同样的几家供货商？

我们在市场上怎么总是处在第二的位置呢？

如果是你，你会怎么做？

为什么同意这个计划？如果计划确实足够完美，我们早就是市场领导者了。

我对自己草拟的计划有没有问题不是很确定，我们该怎样改进它？你认为在哪方面进行改进能够对我们有所帮助？

　　这一类型的问题也同时具有其柔性的一面，因为这些问题不会像"谁不同意"或者"你有什么意见"等问题那样过于直接。除非员工和管理者的关系已经达到了一定的信任高度，不然的话，员工在回答之前也还得掂量掂量，能不能直率回答。即使双方已经非常信任彼此了，回答也必须得考虑措辞，毕竟合作和体谅也是维持信任关系的重要方面。

　　还记得之前我们提到的那些开会时互相扔桌椅的疯狂工程师吗？那些家伙肯定可以毫无障碍地告诉管理者他们的各种意见，但代价是他们之间无法做到互相尊重、委婉有礼了。

　　那么在整整两个小时的叫喊之后，这位市场经理到底作何反应呢？这位经理坐在那里，默默地承受着这一切，心中荡起无数波澜。他有点不明白，自己的严谨逻辑、对市场的充分把握、敏锐的商业嗅觉，竟然成了众矢之的。在"声讨会"的后半段，已经开始有人觉得抱怨的声音太多了，毕竟他是一个很不错的人，处处为大家着想，为企业着想，所以他们停止了叫喊。

　　这时，经理的上司建议他，将计划草案的核心内容挂到白板上，然后让所有人进行完善，看看作为一个团队，他们能够有什么样的成果。草案本身的框架大体没有发生改变，但现在，由于将员工的价值提到了非常重要的位置，草案的完善有了崭新的意义。

当然，也有与这件事截然相反的情况，那就是故意打压反对声音的做法。我曾经的一位领导，就不乐意听到任何异议。一旦在某一具体的议题上有了自己的决定，他就会让团队停止一切讨论和质疑。在还没有了解他的管理方式的时候，我按照自己往常的做法，毫不掩饰地向他提出反对意见，于是我见识到了他对异见的无情态度。

当时，我刚到他的部门任职，作为正式员工参加第一次员工会议，没想到就陷进了一场争论之中。我刚刚提交了一份新的销售计划。但他认为，那份计划不够好，并且不允许任何反对意见。

领导：我真不觉得在这个区域做销售是个好主意。历史数据已经表明，这个区域市场销售环境不是很好，所以我坚信，你的计划只会浪费我们的钱。

但是我厚着脸皮顶了回去。

我：好的，我很明白您为什么不同意这个计划。但实际上，经过我们的调查，我们相信，如果针对这个区域的潜在消费者直接进行广告营销，摒弃我们之前将产品卖给代理商的做法，我们的产品在市场上的份额将会有非常大的提升。

每位与会者的脸上都布满了惊骇的表情，其中有些同事还对我做起了"抹脖子"的动作，就像以前，绅士拽着领结做"上吊"动作的含义一样，大家都觉得我这回死定了。不过领导接下来的反应出乎所有人意料。

领导：你可能是对的。不过，让我们一步步来好吗？先选中一部分客户群，做一次试点营销。你觉得这样可行吗？

最后我们一致同意，先选中原计划潜在客户的 10%，用一小部分预算做试点。然后，领导将头转向满脸讶异的其他员工。

领导：我知道你们不能总是信服我，不过你们得拿出像样的点子来啊。

虽然他最后的那句评论显示了他操纵和专横的手腕，但在一段时期内也激发了人们更加努力地创造新想法。所有人都拭目以待，想看看我提出的计划进展如何。结果是，我们做到了。我们成功地在市场表现不佳的区域增加了销量，提高了市场份额。

在当我请求在试点研究之外增加到原始预算的时候，领导却说："不行。"他要求其他员工再多做几次试点，直到他认可为止。

> 如果你不提点异见找麻烦，麻烦迟早会回头找上你。

说实话这还不算太糟糕。假如我的计划在一开始就失败了，恐怕连继续试点的机会都没有了。那时候，我能不能继续留在这儿都是问题。这位领导不仅很难接受与自己相左的异见，对于失败，也是绝不会容忍的。

72. 如何面对意料之外的答案

首席执行官：厄尔，如果我要求你的部门减少 20% 的支出，你能做到吗？

厄尔：如果你想这么做就这么做好了啊！有我没我不是一个样？

首席执行官：厄尔，你这种态度是想要辞职吗？

厄尔：对。

这个对话，是一个稍长的故事的精简版本，这是个真实发生的故事。没人料想到厄尔真的正准备辞职。他是公司的首席情报官。我不清楚厄尔是不是在这个对话发生之前就已经决意离开了，但是我确信，听到对方要离职的消息，首席执行官一定惊讶得说不出话来。那么你呢，在碰到这种突如其来的回答时，是否有充分的准备对其作出反应？

我们当中的大多数都不能在短时间里很好地应对突发状况。这里有一些重要的策略：你要避免盲目作出回应，而是要利用一些问题，从意料之外走进情理之中，直到心中有数了，再对回答作出直接回应。

将信息清零，问带疑问词"什么"的问题。

即使对方的回答清清楚楚、明明白白，这个策略也需要你将这些信息清空，然后让对方复述和解释，使得你有时间消化它的字面意思，让它不再是让你惊讶的信息。

例：你这么说，是什么意思？

例：你说什么？

例：能再说一遍吗？

如果前面对话中的那位首席执行官能够及时回到信息原点，厄尔先生没准不会那么快地透露自己的离职意向，然而首席执行官听到了他无礼粗鲁的回答以后猝不及防，出于本能反应，问出了"你是想要辞职吗"这种问题。也许厄尔先生去意已定，对方如何反应根本没有什么关系，但是带着惊讶之情贸然问出的"你是想要辞职吗"，把厄尔逼到了一个小角落，让他没有其他选择，只能如实回答："对，我正想要辞职。"

努力探寻事实，问带"怎么""什么""什么时候""哪里""谁""多少"等疑问词的问题。

面对意料之外的回答，关键要找出回答所指代的事实到底是什么，这样，你才能够知道要对什么作出反应。在上面的例子里，没人能够确定厄尔离职之后该怎么办才好。

首席执行官本人是一个行动导向的领导，他继续说："很遗憾！你会这么想。但是厄尔，你知道我们现在的处境很难啊。"执行官开始用一些让人不舒服的理由来劝导对方。很多人面对令他们诧异的事实，只会使用很多冒犯的句子去回应。你需要抑制这种心态，至少在还没有搞清所有事实之前，不要再让对方更加反感。假如你了解到了所有的事实，那么令你诧异的事情自然就不足为奇了。

例：这是怎么发生的？

例：这里面是什么意思？

例：我们还应该跟谁联系？

> **例**：什么时候发生的事？
>
> **例**：我们应该先关注哪个部分？
>
> **例**：你说库存损毁，损毁的比例是多少？
>
> **例**：已经造成了多少损失？
>
> **例**：有没有人受伤？

在追问事实的同时，应该注意避免使用"你"这个词，例如"你什么时候决定这么做的""你怎么知道库存损毁了很多""你当时在哪里"等问题。这会让对方觉得你有意冒犯。在出乎意料的事情出现时，你需要的是对于事实的把控，但不要引起不必要的心理对峙和冲突。

仔细调查原因，问带疑问词"为什么"的问题。

如果你在面对类似刚刚讨论的离职问题，或要处理其他的个人选择问题，你就要以更加顾及个人感受的方式，来继续进行追问。一个人感到受挫而不得不选择离开他现有的事业，一定既有官方的原因，也有真实的个人原因。从对方的角度去理解他的处境，才能给他被理解的机会。

我们案例中的那位首席执行官却没有这么做，相反，他追问的方式没有顾及对方的感受。他的反应甚至会坚定厄尔先生立刻离职的决心。那么这只会给公司遗留更多组织问题，以及一些执行得虎头蛇尾的计划。更糟糕的情况是，其他人也会步厄尔先生的后尘，在执行官不明所以的状态下相继离职。请看看正确的追问示例。

> **例**：为什么你现在要做这个决定？
>
> **例**：为什么选择这种方式？
>
> **例**：现在这种局面是如何发生的？
>
> **例**：在此之前，大家都是怎么说的？

如果接下来需要处理突发状况，那么做足准备后再一步步推进。

接下来你要处理的一些事情，需要以充分的讨论和准备为前提。做足准备，才能使得管理者尽快做出正确判断，快速施以行动。

如果首席执行官问了厄尔先生完全不同的问题，他能不能避免突发状况（对方提出辞职）的出现？或许是完全可以的。管理者每天都面临着各种突发状况，总是可以避免其中一些的。

我担任管理工作时碰到的第一个突发状况是以一把抵着我喉咙的刀子开始的。那时我还在一家炼钢厂打工，虽然被人拿各种工具吓唬和恐吓已经不是第一次了，但那次差点伤到自己的意外，始终让我记忆犹新。

炼钢厂的工作是非常辛苦的，而且很危险。在我们厂的大门口，还贴着最新的工人死伤数。厂里的每一个工种，都面临着潜在的风险，从工车碾过轨道工，到钢水溅到轧钢工……所有你能想象到的伤亡方式，在这里都能看得见。

在工头监督不到的地方，还会时常发生打架斗殴事件。枪击、捅刀子、赤手打人，还有在学校里常见的推推搡搡，都曾发生过。医务室里经常会有工作时因"跌倒"而鼻青脸肿的工友。

我在一个"工组"里工作，"工组"是我们在工厂里区分不同部门群体的称谓。工友里面几乎没有上完高中的，有很多人曾经在监狱里生活过，经历过很多艰难的日子。这个工组的成员做的工作是工厂里最为艰巨、最为危险的。我在大学暑假的时候，有好几次都在那里打工，被他们起了个"学生仔"的外号。我故意留了点胡子，好让自己看起来更成熟、更世故一点。

这个工组要为工厂的起重工作负责——我们用大榔头将货车上的材料清理下来，清扫熔渣（炼铁过程中产生的废料），用铲子铲掉车间大梁上的浮尘防止建筑崩塌，还要用风钻清洁钢模车……我们基本上要干所有需要做的脏活儿。

一天晚上，当我来到车间上夜班的时候，我在更衣室碰到了我们的车间副主任，他当晚要负责整个工厂的运行安排。

副主任：学生仔？

我：嗯？

副主任：今天这个大夜你做"调度员"吧！吉米今天生病，一时半会儿也来不了了。

副主任：给你看看今天需要完成的几项工作……然后这儿有张全体工组成员的名单。你要保证整个工组在明早7点以前完成任务。

于是我接受了这项任务。我的在职训练课程又进入了一个新的领域。"调度员"的职责，就是在领班的直接指导之下，作为一名高级工，做一些调度管理的工作，让大家各司其职，保证工作有序进行。因为被赋予了更多使命，调度员的报酬也会相对高一些。

这其实是我上过的第一个夜班。我在上午班和下午班都待过一段时间，而且是在车间相对比较"冷"的地方，在那儿，工作内容一般是对钢料进行碾展、切割、抛光，然后准备装货，以供客户使用。钢料会由客户之手变成冰箱、洗衣机、烘干机、汽车等机械的零部件。三周之前我已经离开工厂休息了一段时间，直到那天他们打电话给我，问我是否能到通宵的夜班来。我想了想，选择了去车间"热"的那边。因为那边能给的报酬，比任何我能想到的假期兼职工作都要高出许多。

我就像之前在"冷"的那边看其他调度员所做的一样，把大家的名字都叫了个遍，然后给他们一个个地分派任务。我没有意识到的是，这边分派任务的规则，跟那边其实一点也不一样。

这边的很多工人都有两份工作。目前的领班吉米，以及他之前的所有领班，都有一个做法，就是允许大家自由选择他们想做的工作类型，也可以在上班期间睡觉。但只有一点，那就是早上交接工作之前，他们得保证完成任务。

我应该是当晚在更衣室里唯一对这个规则一无所知的人。所以，当我自作主张分派完工作，正要扭头时，我看到一块高度抛光的铬钢片就抵过来了，钢片锋利的尖几乎就要挨上我的喉咙了。

厂子里时不时就会发生工人划伤事件。工业事故简直天天都在发生。所以这应该也预示着一场事故要发生了吧……

所有其他在屋子里的工人都开始假装做系鞋带等动作，对我的处境视而不见。我意识到，到了开启探寻事实模式的时候了。

让我自己都不敢相信的是，我听到自己在淡定地问："我是不是有什么问题没考虑周全？"

"是的。"

松了一口气。奏效了。然后我需要做的就是看看问题出在哪里了。"那你们能让我知道问题出在哪儿吗？"

紧接着，拿着刀片的那个人告诉我他们夜班是怎么分派工作的。他们如何分工，然后如何找地方睡觉，留下一点零活，等到下一班交接前再干，这样在 6 点左右过来检查工作的车间主任就能看见他们努力工作的样子了。

> 意外会以各种可能的方式向你袭来。准备好用问题协助你，帮你作出最佳的响应。

"好吧。那我该上哪儿去睡觉啊？"

他们听了我的问题，大笑起来。原来，领班和调度员是不能在夜班睡觉的，他们需要跟车间副主任在车间来回巡视，同时关注厂长有没有过来，如果他过来了，得防止他发现有工人在偷偷瞌睡。车间副主任也是知道有人会在这期间打盹儿的，所以这里的人都是串通好的，就像一场游戏一样。

所以，在那天晚上的笑声之后，我没有被划伤。

如果我没有冷静地想办法解决问题，是不是就会被他们砍了呢？我无从知道了。就像我刚才说的，工厂真的是个危险的地方。虽然死亡还是比较遥远的事情，但是我看过的打斗、鲜血实在是太多了。

我知道现在大多数企业的管理者都不可能再面对这种危险的处境了。然而，你还是可以经常看到类似的突发状况，同样会给你个措手不及。员工可能会拒绝接受你指派的工作，可能会在项目的关键阶段突然打电话请病假，或者可能用各种千奇百怪的意外做法，去和上司对抗。

73. 诱导性问题的使用技巧

诱导性问题是一种非常特殊的问题类型，它以一种设陷阱的方式，暗含了某种答案的倾向。在我们之前讨论问题的类型时，就提到过通常应该避免拿这类问题来提问。但是，诱导性问题确实也有其应用的价值，这取决于你希望达成的目的是什么。

在前面的一个例子中，一位经理试图让他的产品总管相信，他们的新产品已经准备好投向市场了，而事实上他们并没有准备好。一般来说，诱导性问题被看作是对企业讨论沟通没有什么好处的提问，因为这些问题常常会隐含提问者的某种阴谋，故意引诱回答者说出具有某种倾向性的答案。

例： 那么，琼斯先生请您告诉我，您具体在什么时候决定停止偷窃的？

这一类型的问题也会通过误导回答者，使得市场调查的结果受到人为的影响。

例： 你会选择服务不周全的 A 银行，还是网点更多、营业时间更长、有免费转账金牌服务的 B 银行呢？

当然，我可不希望在正规的市场调查问卷里看到这种明显有所偏向的问题，然而有一些类似的问题非常不容易察觉，因此总会影响到提问效果。如果回答者使用了在问题中就已出现过的一些定性描述的词语或表达，那么问题本身很有可能具有诱导性了。管理者务必要防止在各种讨论过程中应用这种提问方式，除非时机合适，否则不要轻易将它提出来。

当你希望回答者能够沿着你引导的路径进行回答，或者希望他人看到你明确的倾向时，才可以使用诱导性问题。

在大多数商务场合，管理者们都希望自己的问题无可挑剔，因此他们在提问之前会进行谨慎的思量；否则，回答者将有可能感觉到提问者的意图，感到被操纵或者被压迫。在提出一个诱导性问题之前，可能有一些暗含着相关信息的问题就已经暴露了提问的走向。还有一种情况，就像不断提出诱导性问题的老师一样，提问的人是在通过问题给对方提醒一些东西，让对方了解自己的用意。

> 诱导性问题太常被人用来引诱回答者做出某一特定的回答，这导致了这类问题的误用。

在下面的对话案例中，管理者想搞清楚的问题是，客服呼叫中心的经营成本是否已经准确估值，并且全部加到了公司支出预算当中。他同时还想再确定一下，几个设在不同时区的呼叫中心能否做到信息实时互联互通。最终，他的问题有了导向性。

假如管理者的目的和企图非常明确，那么他可以尝试诱导性问题。

> **问**：我听说你已经把预算都报上去了？
>
> **答**：是的。
>
> **问**：那我们的 24×7 全天候客户服务计划就可以实施了吧，我可以这么认为吗？

在管理工作当中，带有诱导性的问题尽管并不是最为常用的，但它仍然是大多数管理者会选择使用的一类问题。我给管理者们的建议是，谨慎使用诱导性问题，一定要仔细斟酌自己提问的目的到底是什么。

74. 探寻问题背后的原因

当你提出以疑问词"**为什么**"开头的问题时，一般来说，你都在下意识地探寻你见到或听到的事情背后那些你想弄清楚的原因。如果你是一位市场调查员，就很有可能提出关于选择动机的问题，这是非常有价值的市场信息。例如，"为什么你会选择这条红毛的狗？"以下这些问题在寻找主客观理由、事件原理以及决策原则时，可以很好地发挥效用。

你说的这些有什么证据吗？

我很好奇你怎么会这么想。能告诉我更多具体细节吗？

为什么你支持这个项目呢？

为什么你会这么想？

为什么你觉得这是我们行动的最佳方式？

你说那些的意思是？

为什么这件事至关重要？

为什么我们的竞争对手不这么做？

为什么我们的竞争对手会这么做？

同时，不一定所有探寻原因的问题都要以"为什么"开头，探寻原因也不必非得使用疑问句的表述。例如，类似上面示例问题当中"我很好奇……"的表达方式，就可以很有效地激发回答者。当然，也可以在这个陈述之后加一个简短的问句表明疑问，这不失为稳妥的方法，因为回答者很有可能没有准确把握到你的目的而仅仅回答说："是呀，我也挺好奇这件事的。"那样的话，你只能再重新提出问题，明确表达疑问了。

这一类型的问题，还能够激发后续的追问以及深究。很多管理者希望听到对方简洁明了地回答问题产生的原因，如果在简短的讨论环节，这种情况是很常见的。但是，如果对某一提议背后支撑依据的阐述需要花时间去理解和消化，那么就有必要通过追问，将原因一步步展现出来。

除此之外，能够深究"**为什么**"的问题，给了回答者为自身的行动和决定自圆其说的机会。很多时候，由于管理者对下属的提议不感兴趣，导致他们丧失了证明自己的机会，而一句不带讽刺和威胁的"为什么"，相当于给对方提出了一个开放式问题，鼓励他做出负责任的回答。

75. 希望获得大家的意见吗

如果你意欲征求更多来自外界的意见，那么请坦率地提问。如果你不是那种特别经常需要给出意见的管理者，或者你总觉得大家会将责任推给你，不愿提出意见的话，你需要使用一些策略，来保证你的提问结果更加有效。以下可以遵循的原则，是从律师诘问专业证人的一些技巧中借鉴得来的。

首先可以先阐明一些事实性的东西。

> **例：**所以这 20% 的市场份额，让我们在市场中处在领先位置了吗？

> **例：**这些数据是上半年在亚利桑那州做的测试。那么亚利桑那州下半年的数据如何呢？

让对方了解你想获得意见的原因。

请记住，你的头衔赋予了你提问的权利，同样，你的下属有义务根据你的需求，提出相关的建议。另外，顶着头衔的人也有责任以更加深思熟虑的方式来提出自己的问题。

> **例：**在这么短的时间里取得这样的销售成绩是很不容易的。你是什么时候接管这个产品项目的？

❓ **请求给出意见。**

例：你的这些经验非常难得，所以我也想听听你的意见。你觉得在蓝色染发剂产品上面，可不可以使用同样的销售策略？

一位成衣设计和制造部门的主管，派她团队中的几位主要负责人，去他们的几个重要辅料提供商那里进行参观访问。他们一行人的主要任务，就是为运动产品生产线寻找全新的材料，以获得产品技术突破。在为期 3 天的紧密行程中，他们参观并整理出了几大类科技材料，然后在接下来的数周，通过召开一系列讨论会议，挑选出了几款最佳的备选材料。最后，这家成衣公司的总经理参加了备选材料的总结会议。

在听完大家对材料的介绍之后，到了总经理对这些新科技进行取舍的时候了。总经理把头转向了团队中的那几位负责人，想寻求他们的意见。

"我想知道你们的意见。你们觉得应该在这里面选哪个？"

团队成员都饱含热情地表达了他们的一些意见和看法，然后，大家都看着总经理，等着她做出最终的决定。

> 如果你没有想寻求意见的意思，那就干脆别问。如果问了，就务必要尊重这些意见，认真对待它们。

"我呢，觉得这几个方案都还不够好。"说完以后，总经理就离开了会议室。

76. 如何来评价新的想法

> 毫无疑问，世界上太多共同的风尚潮流，都是因为人类有太多共同的愚蠢。
>
> ——*理查德·费曼*（Richard Feynman）

作为 20 世纪最伟大的物理学家之一，理查德·费曼曾一语道破如何才能判断新的想法是好是坏。同科学或者任何其他人类智力活动一样，管理活动也是不断激发、测试新想法的活动。其中有些新想法被证明有巨大价值，但也有些想法并不那么成功。

一些想法，反映了当事人在良好判断能力上的欠缺。这里有几个真实的案例。

※ 指派那些身体严重发福、一脸书呆子气的办公室成员承担野外探险工作。
（结果：导致一人不慎遇难，并带来一桩烦人的官司）
※ "业绩，业绩，业绩！"——对于产品销售业绩步步紧逼，全然不管消费者根本没办法承受产品价格。
（结果：最终此款产品完全退出市场）
※ 竭力保护管理层收入和奖金，同时却要求给员工减薪。
（结果：员工以死相逼，高管的车在停车场被毁，进而导致管理层相继离职）
※ 为谋求合作盲目收购，无视财务风险。
（结果：股东流失，资产最终被剥离）

科学家通常会使用严谨的推理过程，来逐步推断新想法的可行性。在商业活动中借鉴这种方式也会非常有用。当管理者盲目依赖现有的各种技巧、技能、技术的时候，反而会取得比上面的案例更差劲的结果。如果没有评价、推断结论的科学过程，再灵敏的直觉也是不够的。根据你面对的具体情境，分析某个新点子是否能促进企业的发展，是解剖这些想法的必经之路，没有这个过程，想法本身的境界也不会得到提升，如果就这么将它们应用于实践，自然也不会取得什么好的效果。

> 一个新想法，就像一款新产品，你需要像选择一辆新车或者一件新衣服那样，让它从各个方面接受考量、审视和检测。你可能没有在第一眼就对它产生兴趣，但只有你亲自试驾或试穿过，才知道它是不是真的合你的胃口。

向新想法提问的过程

问问题。这个点子是什么？（请解释一下。）

深入探究这个新想法，显示出你的兴趣。想想你还需要了解哪些信息？避免问题中含有不信任意味，或者说出带有讽刺、嘲弄语气的言论。

你所知道的是什么？

问题指向那些已经有根有据、有十足把握的信息时，必须要直截了当。从各种相关的不同角度提出这些问题。

我们还不确定的是什么？

  例：要弄清这些设想里面还没有太确定的信息，你打算做些什么?

例: 依照你过去的经验,还有没有哪些地方存在着疑问?

例: 以前你见过这种类型的事情发生吗?

例: 依照你团队其他成员的经验,还有没有哪些地方存在着疑问?

例: 企业面临着什么样的不确定性?

最有可能发生什么?(注意,不是"可能发生什么"。)

例: 这个想法合乎常理吗?

例: 有这个可能吗?有多大的可能?

例: 在不用完全去实际推进的前提下,我们有没有办法来测试这个点子实施以后带来的后果?

77. 提问是自找麻烦吗

在每个组织里,大大小小的麻烦总会时不时地浮上台面。提出问题,也常会带来一些你能料想到的或从未料想过的意外后果。日常管理有时需要探测各种可能发生的麻烦,不然的话,麻烦会在你始料不及的情况下显露出来。然而,在一些情况下,某些麻烦总会暗

> 如果你要探寻潜在麻烦,那就全力以赴。不懈地寻找,直到找到你可以找到的所有疑点,或是找到所有你可以信服的事实。

藏在问题表面之下，难以察觉。

下面列举的一些案例，就是提问者有意在通过问题制造麻烦。在这些情境中，如果解决难题的过程能够让你提前破解一些意外情况，那么你该如何进行提问呢？

不要觉得抱怨是件麻烦事。你还需要再问更多。

你的职位越高，就越需要不懈地深究。浮于表面的回答可能也反映出了你想要了解的一些问题，但并不一定能追溯到问题的根源。

> 例：这个问题在其他部门都是怎么处理的？

> 例：为什么你觉得这件事不对劲？

> 例：先不要抱怨这些蚂蚁了，我们先来分析一下，在我们这栋钢筋混凝土建筑里，在都是塑料家具的情况下，为什么会有这么多蚂蚁？

要有打破沙锅问到底的气魄，不能对可能的原因充耳不闻。

> 例：你怎么定义"麻烦"这个词？

> 例：我们到底还有什么麻烦事没搞清楚？

使用开放式问题，直到所有的事实、真相、意见、选择都水落石出。

> 例：给我讲讲……的事情。

> 例：你这个回答很合情理，但是能不能先回到你第一次发现这件事的时候……

> 例：为了搞清这件事，我们还可以和谁联系？

使用阐明型问题，在提问的最后对关注的焦点做最后的探索。

> 例：就是通过这种方式你才发现了销售员在倒卖公司的手机，对

吗？还有没有更多这方面的细节？

例：我们还有没有落下什么事情没考虑到？

例：你还有没有其他想说明的事情？

例：我们还用不用联系其他相关人员，问更多问题？

使用总结性的问题。

例：你对这个结果满意吗？

例：还有问题吗？

78. 不同的场合，不同的提问策略

你会为一些特定场合专门做出特定的提问计划吗？还是任由事情发展，随机应变？

提问的场合，既可以像股东会那样需要正襟危坐，也可以像坐在篝火旁时那样轻松自在。在提问时，也需要根据你所在的场合性质，选择使用不同的策略。

在严肃场合，由于对所要讨论的议题有明确的预期，因此，对提出的问题一般都需要提前准备一下，经过斟酌的问题会使会谈更加高效。对于这种情境，你要对自己的问题有深入的研究和理解，这样，议题进程才能够持续进行，你也能够因此为其他同僚树立一个良好的榜样。

以下情境一般属于严肃或正式场合：

※ 任务成果汇报会

※ 员工大会

※ 总结会议

※ 商务合作与谈判

不过，在我认识的管理者当中，很少有在上述场合刻意为提问做出准备的。通过不断的训练，以及不断积累经验，这些管理者已经可以做到，对职责之内碰到的任何事情迅速作出反应，他们能时刻做好准备，为推动某个项目做出努力。准备工作，反而成了那些准备各种材料、汇报工作进展的下属人员的事情了。在这个层面上，一切都会正常地运行，工作也很顺利，虽然这种习惯使得管理变成了一种应激的工作。

通过自己有限的观察，以及没有经过太多科学论证的思考，我认为，准备过度也会造成员工思维能力的降低。我也能从我的管理实践中得到这样的感悟。虽然我在某些情境下也会做很多准备，但我不会特别频繁和细致地做这项工作。与之相反，我知道一位管理者，她会为她的每一次会谈做极其充分的准备。

她会提前预测在某一次会谈中，大家可能会特别关注的重要议题，然后带着这些预先的准备工作走向会议室。但这个策略并不能每次都派上用场，因为不可能准备到所有问题。如果会场上正讨论的信息正好是她准备过的，那么谈话就会非常顺利，最后的决议和行动也会正确无误。然而，商务场合的议题是随时变动的，或者实际讨论的信息恰恰是她没有涉及的，讨论就会像在黑暗中行驶的两艘大船一样，互相探照和摸索，沟通进展缓慢。

这种情况发生时，这位管理者经常会让别人产生误会，认为她会由于某些成员回答问题的方式，而对团队产生偏见。她经常要引导团队成员进行思考，直到他们达到一种理想的状态，然后让他们理解她到底想要知道的是什么。

　　但总体来说，她的这些努力效果并不是那么好。虽然她在每次会议的最后都得到了想要的答案和意见，但是她的团队很少能够达到她期望的要求。因此，过度的准备工作，斟酌每个可能的问题，以及推测每种可能的答案，最后可能导致管理者失去工作的方向。记住，提问的目的之一，就是为了找到答案，找到尚不明晰的信息。如果能够推测出来，那么问题本身还有什么意义呢？

　　大多数的管理者都会在心中设定几个常用的问题，让自己能够通过问题快速了解眼前的局面，然后有效地管理当下的情境。适当的准备是完全有必要的。

　　有些问题在一个场合中会非常有助于鼓励大家畅所欲言，但换一个环境，可能结果就不是这样了。像"为什么我们不去接触／试试／做……呢"等类似形式的倡导性问题，可以在非正式场合当中，帮助管理者针对可能引发疑虑的事情展开话题。如果使用得当，这些问题可以使大家对有所顾忌的议题放下戒心，给他们充分表达相关信息的机会。

非正式场合

问题类型	应用方式举例
开放式问题	类似"给我讲讲这个故事吧"的方式。
间接问题	我很好奇，什么／如果／怎样……
夸张化问题	为什么又是我们，我们就该做这些苦活累活吗？
假设问题	如果……会怎样？（谈及某个话题时巧妙的开场白。）
消极问题	为什么他们就是不明白啊？（以轻松的方式提出问题可以缓解紧张气氛。）

　　虽然我们曾经很多次提到，没有随随便便的问题，但是随性的非正式场合确实常常会出现。比起不断地使用那些员工大会上才能见到的发问，也许管理者运用好单单一个不那么正式的提问，就能收获更多。来看看我认识的一位

企业决策者的故事吧，他好像在任何场合都没办法做到用非正式的问题发问。

当他锁定一个议题想要刨根问底的时候，就会非常认真地去追求答案，全然不顾自己正处在何种场合。因此在有他在场的餐桌旁用餐，很难好好地享受食物的美味，更别说再要杯咖啡细细品味了。但问题在于，他从未意识到自己的问题过于严肃，甚至还以为自己正在进行一场轻松的对话。如果你也有类似的困扰，那么还是试着用一套完全不同的问题来提问吧！适合所在场合的问题，能够带来同样的答案，甚至更多有用的信息。

> 时刻注意你所在的场合。根据正式的或者非正式的场合，提出不同类型的问题。

79. 迎接答案吧

至此，你已经听到、学到很多关于问题的内容了。那么答案呢？各个层级的人每天都要面对各种问题，来自我们自己、我们的家人、朋友、商业伙伴、同事的问题……问题无处不在。回答问题也是我们的日常要务。

提问发起的那一秒，也是回答将要出现的那一刻。问题的提出方式，也暗示了回答应该以怎样的形式呈现。本书前面的那个例子，那位在杂志内页上随便写了个问题就交给下属看的老板，所暗含的信息，

> 请记住，答案也是问题的一部分。

就是不希望下属兴师动众地给出回答。在对一个好问题作答时，有一些简单的法则，希望你能注意体会。

1. 回答的形式需要和提问的形式一致（例如是正式还是非正式的语气，等等）。

2. 清楚地说出（或写出）答案，不用隐晦表达。

3. 表现出你的自信。

4. 如果你不清楚，敢于直接说"我不知道"。

5. 避免夸张的表达或最高级的用词，例如"最好的""最多的"，以及武断的总结性语句，例如带有"总是""所有人"或"从来没有"的句子。

6. 注意管理你的表情和肢体语言。

7. 不要脱口而出，回答前至少要过一下脑子。

8. 知道在什么时候停止，不能说个不停。

9. 不需要表现得像在雄辩或有攻击性。

10. 避免用有敌意的问题反问提问者，也不要设圈套。

11. 避免表现出自我防卫的感觉，即使在经受针对个人的拷问。

12. 避免使用有人身攻击、贬低、轻蔑、侮辱倾向，或会对他人造成心理伤害的回答。

13. 不要尝试以下这些类型的回答。

转移话题（听到一个问题，却故意回答另一个问题）。

不确凿的理由（引用无法证实的证据，除非提问者给出有准确来源的引用）。

模棱两可。不要作模棱两可的回答！

猜测提问者的意图。不要这样做。如果你真的想知道，直接问就好。

不完整的片面答案。

挑战常识的回答。

故意模糊焦点的回答。这种技巧还是留给外交家和政治家去使用吧。

转移注意力的回答，或抛出其他与事实不相干的论点。

14. 在注意到提问者已经获取足够信息之后，请停止发言。

最后一条法则，不仅是对回答者的建议，也是对提问者的一句忠告。回答者需要知道什么时候停止作答，而提问者也需要知道问到什么程度可以结束提问。如果你认为自己听到的信息已经足够了，那么你也可以尽快提示回答者停止发言。

80. 如何应对没有回答的局面

也许你会经常碰到这种情况，问了问题，对方却支支吾吾没有回答。管理者提出问题，最后被沉默包围，好像他说过的话被完全无视了一样。其实，这种情况有时是由于对方没有注意听问题的核心，所以只能使用拖延时间的策略。

在职业生涯的早期，我曾在纽约一家出版集团实习。我的工作是为当时的执行副总裁做顾问，当他有不知道的事情时，我需要用自己的专业知识为他提供相关信息。在公司管理层开会时，副总裁会要求我站在门边，以便在需要的时候问我问题。

执行副总裁是一位睿智的学者，也是一位干练的管理者及具有钢铁意志的领导者。据说，在过去的 5 年里，他从没有在开会时询问过基础性的问题，因为他知识面很广，懂得很多。因此，每当他叫我去会议室靠门的地方旁听的时候，我都没什么事做。通常我会偷带一个甜甜圈吃。

直到有一天，他突然叫我，并问了我一个问题。我忙不迭地把口中的甜甜圈吐出来，却全喷在了自己的深蓝色西装上。我很冒失地问道："什么，您……能不能再说一遍刚才的问题？"

当时，会议室里大约有将近两百人参会，因为我在门边，所以不得不很大声地说出上面的话。我当时的想法是，既然已经没有听清楚了，那就得尽快地挽救局面，快速回到应该有的状态。然后，做该做的事，把这权当教训。

当时我问的这个问题，其实并不算一个真正的问题——那只是在尴尬情境中的一种托词，包装成了问题的样子，成了那个时刻唯一合适的反应。这可以给我时间思考该怎样搪塞过去，或者没准儿我能让自己想出一个更好的回答。在有些情况下，在回答者怀疑自己有可能误解了问题时，也会用沉默的方式，或者要求复述的方式，让对方再说一遍。可是，当时的我根本不知道问题是什么，甚至一开始我连是谁在问问题都没反应过来。毕竟我的心思都用在了甜甜圈上面。

> 在一个没有回答的尴尬局面中，你如何反应和处置，跟你本人的管理风格有关。如果能应对得当，对于没有回答上来问题的那个人来说，也会受益匪浅，推动他的自我反思。

在会议结束后，大家聚集在会议室门口，副总裁也走过来。他背朝着我，面对其他的参会者。他为面前的所有人提供了一次乘坐直升机回办公室的机会。

我只能安静地坐火车回家。但是我并不难过。这次意外没有影响到我的职业，却给我永远留下了深刻的记忆。从那以后，每次参加会见、会议和讨论，我都会悉心聆听。

81. 不要忘记询问"致命缺陷"

来看这个场景。一个业绩非常突出的部门正在召开高层的总结会议。所有的事情都进展顺利。收入大幅提升，利润显著增加，成本也有所下降。刚上任不久的首席执行官（CEO）向首席技术官（CTO）提了最后一些问题。

CEO：现在我们的企业中，是否存在什么困扰你的致命缺陷，比如技术方面或者生产线方面？

CTO：致命缺陷？没有什么致命缺陷困扰我。

CEO：能够确定吗？

CTO：是的，我很确定。

CEO：真的可以确定吗？没有什么事情会让你夜不能寐？没有问题让你揪心？有没有什么问题，如果发生就可能毁掉你们部门，有没有什么问题，必须解决掉，才能保证产品顺利生产？

CTO：我想不出这样的问题。而且我晚上睡得很好啊。

在公司总结会召开一个月之后，这家公司最大的竞争对手的首席技术官过来找到了这位首席技术官，并举行了一个座谈会。这两个竞争对手之间碰面并不是什么稀罕事，因为这两家公司在很多领域中也都有相当大规模的合作关系，在市场上，它们同时既是卖家又是买家，经常有原材料和成品的交易往来。

　　对手的 CTO：我们刚刚发现了一件事情，我们在生产线上使用的一种原料产品，存在非常严重的潜在环境风险。虽然目前我们还没有直接证据表明这种材料会对健康产生危害，或对环境有所破坏，但是我们认为这其中的风险非常大，所以已经决定迅速停止生产，不再经营含有这种材料成分的产品业务了。

　　CTO：你说的是真的吗？

　　对手的 CTO：是的。因为你们是我们的重要采购商，在我们自身生产补给之外为我们提供了很多原材料，所以我们觉得也有责任告知你们这件事。我们在全球寻找替代材料，但是一无所获。你们肯定也意识到这个问题了吧！我们只能期望你们能找到解决方案了。如果不行的话，我们只能卖掉库存，停止这条生产线了。

　　你是否曾经好奇过，为什么一种很好的商品突然就从货架上消失，再也找不到了？这个案例也许就是导致这一奇怪现象的原因之一。工厂制造的这款产品本身并没有显著的危害性，但是在生产过程中，某种关键材料会释放出有害成分，并散布到环境中。这种有害成分并不具有毒性，但是它对环境的长期影响是显而易见的。因为产品生产线在欧洲、美国和中国都有分布，潜在风险巨大，因此其中一家公司率先宣布停止生产这种产品，并退出这个市场。这件事对于两家企业来说，都是非常严重的打击。

　　这个无人发现的缺陷，瞬间就有了致命的攻击力。并没有太多的缘由，仅仅是这一个原因。但就是这个没有料到的、计划之外的细节，让企业陷入了很大的危机之中。因为高层管理者们对企业的各项流程熟视无睹，他们会想当然地认为那些稀松平常的环节并不会存在问题和缺陷，尤其在运营良好的部门中更是如此。但是新上任的管理者会对各种细节上的问题多加留意。

这些问题让他们"夜不能寐",他们会通过提问探索所有可能的缺陷,假如发现了某一缺陷,他们会采取必要的行动进行纠正。而在前面这个案例当中,缺陷所带来的后果似乎已经无法再纠正了。

致命缺陷导致的问题,同其他类型的问题有所不同。这种问题用来揭露错误的假设和谬论背后,那些掩藏着的风险。它的提出也有很多其他的好处,例如保证答案的思想深度,能够给人的固化思维带来挑战,提醒人们身上的责任,等等。

一个致命缺陷,尽管只是为数不多的缺陷之一,但它的发生(或应该发生却没有发生)可能带来的后果就是产品的失败、企业的终结以及计划的流产。如果及时地发现这个问题,那么对问题的解决,又成了保证企业成功的一个重要推动力。在类似的案例中,我们还可以得到"为了防止风险而不能把鸡蛋放在同一个篮子里"这样的教训。

下面,请再看几个没有询问"致命缺陷"的真实案例。

案例 1:一次性纸尿裤的新材料

几年前,在《纽约时报》(*New York Times*)上刊登了一幅讽刺漫画,画的是艺术家想象中的情景:许多有毒的废弃纸尿裤被塞在牢不可破的小包装袋里,倾倒在斯塔滕岛①的一个垃圾点,堆成了一座不算矮的小山,不远处的高楼与之相比都黯然失色了。这幅漫画展现了一次性纸尿裤厂商对于不可降解材料的滥用,以及由此引发的环境危机。这幅漫画的讽刺意义在于,竟然用不可降解物质来兜住由人类排泄的最容易降解的物质。

人们对于不可降解废料环境风险的担忧越来越强烈,这其中,纸尿裤、成人卫生巾垫及其他个人护理用品的生产者,被看作环境恶化的罪魁祸首

---

① 斯塔滕岛(Staten Island)是纽约市的一个岛屿,也是该市的一个自治区。——译者注

之一。

各种环境保护运动让每个人都增加了对类似问题的关注。立法机关开始针对环境风险召开听证会，企业家也将目光瞄准了基于可降解环保材料的产品。

在几个主要的纸尿裤厂商中间，展开了一场竞赛，看谁能够为纸尿裤找到优良的可降解材料。他们这么做的动因，就是可能在某一天有关法律会强制规定整个产业必须采用新型材料。在纸尿裤厂商的游说之下，高新材料研发企业也坚信，这个市场有数千万美元的潜在购买力，因此它们为这次商业机遇陆续投了一大笔钱进去。不过，它们最终制造的这种用于纸尿裤生产的新型环保材料在造价上极其昂贵。

"如果一片纸尿裤价格增长了30%，那会发生什么情况呢？会有人诉诸法律吗？消费者不得不重新适应高昂的价格。"这是很多厂商心底真实的疑问。毕竟，他们投入的数百万美元的资金，全要看立法机关的态度了，这几乎等同于在和当选的官员对赌。

如果立法官员要以法律的形式强制纸尿裤成本增加，那他们要做什么样的选举承诺，才能得到承受这些的年轻家庭——同样也是一群选民的支持呢？使用失禁垫的老年人，使用床垫、卫生巾垫的其他消费者……面对更多决定其当选与否的选民，有哪个立法官员会有魄力将用料环保写进法律呢？恐怕没人会这么做。更何况，使用原有的材料也是大多数处在激烈竞争中的公司，能够保证自身产品盈利的唯一方式。

在花费数百万研发资金之后，几乎所有高新材料研发企业都放弃了对新型纸尿裤材料的努力，或者将项目同其他相关项目合并了。

纸尿裤生产厂家需要在没有明确法规界定的前提下，同时考虑环境需求和消费者需求。它们以及它们目前的材料提供商，不可能不清楚环境方面的风险，以及可降解材料的兴起引发的巨大竞争压力。然而，为什么材料提供商们就是没有办法找到解决方案呢？

一个重要的原因就是，他们忽视了对致命缺陷的深究。下面是一次也许永远不可能发生的对话。

> **问**：有没有什么事情，为了纸尿裤行业的发展必须要去做，如果不去做就有可能毁掉整个行业？
>
> **答**：有。我们需要议会通过一项法案，强制所有制造商采用可降解的原材料。
>
> **问**：那么议会通过这项强制企业对纸尿裤提价的法案的概率有多大？
>
> **答**：概率不是很大。
>
> **问**：不是很大？那我们为什么还要花这么多钱搞研发？

对于这家盈利良好的企业来说，他们最关注的一件事情就是保证材料成本可控。但是，即使在最好的材料提供商那里，这种新型材料的成本都要远远高过纸尿裤生产商目前的材料成本。因此，唯一能够让新材料被广泛应用的解决办法，就是让可降解材料的使用变成法律条款上的明文规定。①

案例 2：建造好厂房，却一无所获

一家大型塑料制品生产商，研发出了一款新型材料。这款材料有数种特性，所以市场前景极其广阔。实验人员在实验室中制造了很多样品，来测试

---

① 在《突破性创新：成熟企业如何完胜市场新贵》（*Radical Innovations*：*How mature companies can outsmart upstarts*）一书中，作者讲到了一家公司是如何将企业的致命缺陷转换成市场机会的。来自伦斯勒理工学院（Rensselaer）的一组研究团队同几家企业合作，发现了大型企业把握市场创新机会的一个新视角。请参阅书中关于百玛士产品（Biomax）的故事。

这种材料的可能用途。测试结果显示，这种材料的工艺技术领先，在成本方面也比竞争者的所有类似产品花费更低。公司决定建造一个新厂房，批量生产这款塑料制品。

生产商在建立大型厂房设施时，通常会先建立小规模的试验厂房，保证日后的制造过程顺畅，以及监测其他可能预料不到的问题。这个步骤可以帮助生产商识别风险，然后在一到两年的试验结束后，才会建造规模更大的制造设施。但是这家企业有着建造大型厂房设施的丰富经验，因此，他们选择略过建立试验厂房的步骤，直接建造大型厂房。

既然有多年的经验，他们当然明白一开始怎么做是合规的。但是，他们的旧生产线面临着巨大的市场压力，企业利润似乎开始难以为继。新厂房越早建立起来，对于企业的营收就越有利。

在这个案例当中，所有应该考量的问题似乎都已经被提到了。前期的很多时间都花在了"还有没有什么不妥的地方"这类问题上。针对各种可能的情况，企业制定了详尽的预案，确保万无一失。工厂就在这种情况下建立起来了。

但是还有没有什么致命缺陷没有关注到呢？

问：什么事情会毁了这家工厂？

答：这项新技术无法大批量使用。

技术不具备可扩展性，能够在实验室环境中反复操作的标准化生产流程，放在大规模的生产线上，完全不起作用。这就是最终出现的结果：考虑到了所有投入生产之后的风险和问题，却没有考虑到技术本身的应用局限性。这就是属于这家塑料生产厂商的致命缺陷。新厂房落成之日，就宣告了自己使命的终结，也给企业带来了一笔巨大损失。随后，这一大摊资产（包括厂房、机械、技术……）被变卖掉了，新的生产部门以失败告终。

案例 3: 秀发至此,明日已逝

一位走在时尚风口名叫莫里斯(Maurice)的发型设计师,在美国中西部某地开了一家小型的理发沙龙,做得非常成功。他希望再开 3 家沙龙,所以想办法寻求贷款,这引起了很多投资者的兴趣,甚至还包括他的一位顾客。于是他又提出了更为远大的计划,将这些资金全部用于连锁店的扩建当中,并规划一定时期内在当地开 10 余家连锁店,进而推向全国。

但最后,这个宏伟计划失败了。下面是一场没来得及发生的对话。

投资者:你上次做体检是在什么时候?

莫里斯:我从来没体检过。我原本以为自己是不需要体检的人。

也许你已经猜到了故事的概要。虽然这位发型师表面看起来神采奕奕,但是他的健康状况恶化了。在投入资金用于选址、招聘、培训、市场营销等工作之后,这位光彩照人的明星很快就离开了人世。投资者本该考虑到这么显而易见的问题,但是他们没有,这让他们陷入麻烦。在本案例中,莫里斯相对年轻、富有朝气,对生活和事业有着自己独到的见解,令投资者心仪。大多数投资者都认为他们有足够的智慧考虑该问什么问题、该什么时候问问题,在大多数时间,他们也被证明是正确的。但是,人非圣贤,这些久经沙场的人,也终究犯了错。

案例 4: 医生的创业计划"不治而亡"

既然我们在上个案例中提到了投资者,那么最后一个关于致命缺陷的故事,就从一家东海岸的老牌风险投资公司说起。这家公司的名字在此保密。

这家公司接触了一位外科医生 Z 博士,他有一个创业的点子,同时还有一项正在申请过程中的专利技术。他的创业理念十分独到,在准备专利和发展技术方面，这位医生倾注了很多心血，自己也已经投入了很多资金在上面。总而言之，虽然专利还没申请下来，但他非常在乎这个项目，这令投资者印象深刻。他的创业计划是以此项重要的核心技术为依托，建立一个企业。

风投公司几乎已经要决定投资这个计划，帮助这家企业了。相关研究设备陆续到位，人员也配备到位，整个团队蓄势待发。

不过，这个计划在还没完全实现的时候就已经宣告"不治"，而宣告地点是在非常遥远的西海岸。

风投公司的一位执行合伙人在某一天飞往西海岸参加一场会议。当他在机场的咖啡店跟同僚休息时，突然碰到了一位老朋友 Y。这位老朋友同样是一名外科医生，而且他的专攻领域和 Z 博士差不多。所以，这位合伙人就提到了 Z 博士，问 Y 博士认不认识他。他听到了意料之外的答案。

"Z？当然听说过！"然后，Y 博士开始非常详尽地讨论了 Z 博士的新技术。他说，差不多一年之前自己曾经在一场内部的小型科学会议上，听 Z 博士讲过这些（那时候 Z 博士的技术还没有进行专利申请）。因为会议的性质类似于同行的聚会，讨论内容也没有公开报道，Z 博士应该是想当然地认为那不算是一次成果公开行为，而且也忘记提醒这一点。Z 博士不仅讨论了这项新技术，而且还向同行们提供了一些打印版的数据资料，以供展示。Y 博士依照这个基础，现在已经发展出了比 Z 博士更完善的技术，而且他已经抢先一步申请了专利。虽然大多数人都理解"专利"这个概念，但是可能没有多少人知道，所有的新发明在公之于众之前，都必须提前进行保护。我们可以质疑到底在内部受邀参加的科学座谈会上，Z 博士的分享算不算公开行为，虽然 Z 博士可能觉得不是。但如果构成公开行为的话，根据美国法律规定，假设一项发明以任何方式公之于众，发明者需要在一年之内在美国境内提出专利申请，专利才有可能受到法律保护。而且即使这样，此发明在海外注册专利的机会也基本没有了。所以，发明人一定要尽可能保护自己的发明，直到签下合法的专利证明文书。在本案例中，Z博士显然想当然地认为这场小型会议是私密的，因为所有参会者都是通过非正式的途径受邀而来。Y博士似乎也觉得没必要刻意不去讨论这项技术，因为科学家都关注前沿知识，这项成果又通过文字版的方式展现，没理由不关注它。到底这一事件是否涉及侵权，企业说了不算，这都是律师的事情，他们最终会给出答案，到底谁拥有这项技术。不过现实情况是，在咖啡店的对话结束后，所有关于这一技术的投资都暂停了。这个案例中的"致命缺陷"被关注到了，而且在投资方做出初步决定之前就已经了解到了。但是由于发明者本人的想当然，更多深究在等着他，想必他会终生难忘。很显然，大家应该知道致命缺陷到底在哪里了。这就是故事的结局。

> 对"致命缺陷"的提问，应该在每个新计划、每项新技术、每种新服务、每款新产品以及每次新机遇当中被认真实施。对于要将大量资本投向大型设施、设备、人力资源的企业来说，重视关于"致命缺陷"的问题，更是十二分地必要。

第八章

倾听

我知道，你认为自己已经完全理解了我说的东西，但是我不知道你是否清楚，你刚听到的东西根本就不是我想说的。

——理查德·尼克松（Richard M. Nixon）[1]

82. 倾听：不仅是"在听"

提出问题以后，另一个需要你思考的地方是，这些问题如何被对方接收和感知，以及问题能不能起到你的预期效果。答案本身并不能完全反映你发起的沟通行为是不是有效。在与问题相对的另一端，除了答案之外，还应该思考：问题是怎样被对方理解的，以及你可以从答案当中解读出什么（我们

---

[1] 理查德·米尔豪斯·尼克松（Richard Milhous Nixon）是美国第 37 位总统。他说过的话作为历史存证，被保存在很多网站上。因为所有总统的公开讲话都被后世保存，所以我们也能看到一些其他的名言。比如这里还有尼克松的其他几个言论："如果你认为美国发展停滞了，那请问世界上最大的购物中心是谁建的？"以及"解决方案并不是最终答案。"更多有趣的名人名言，可以访问 www.brainyquote.com。这个网站上贴出了民主党人、共和党人以及其他非政界名人的很多名言和引语。

在此讨论的是你在听到回答瞬间是如何理解答案的）。

因此，本部分的主要讨论内容，就是"听到了什么"。管理者时常会忽视他们的问题是怎样被别人理解的。

管理者通常会觉得对方回答了自己的问题，那就表明他没有听错问题——回答者肯定在听。但在这儿我要列举一场真实发生过的谈话，它发生在我和一位大型会计师事务所的经理助理之间。

助理：我老板每天早上进办公室都会把我数落一顿。

我：把你数落一顿？怎么回事？

助理：我每天都到得很早，每当他到了办公室，总是会经过我的办公桌，然后抛出些问题。

我：什么问题？

助理：比如说："你是不是想被开除啊？"

我：这可不算是个问题啊。

助理：是，但这就是每次我听到的东西。

这位助理是一位已在公司有数年工作经验的年轻人，据我所知，他得到的上司评价并不坏。然而他每次听见老板给他讲的都是这些负面的评价，不管是老板有意还是无心。我发现，这种"误听"的现象非常普遍，尤其是在服务行业里。有一次，凌晨4点我在一家口碑很好的品牌酒店入住，却听到前台经理抱怨，每次见到经理，对方都会对她说类似"你只是二流水平"的看法。

但实际上，这些人都还没到要被开除的阶段，很多时候都是因为他们听到的，是从上司的问题当中过滤了很多信息之后的版本。人们会从他们的老板那里听到各种事，特别是当他们提出问题或暗含质疑的时候。他们最终听到了"你做得不错""你做得不行""你的鞋子太闪了"之类的信息。所以，听完问题之后，对于回答的倾听也是十分必要的。

同时，我们对于问题和回答的观察，尤其是倾听的部分，还应该扩展到邮件和实时电子通信上面——在收发邮件的时候，你也应该注意这个问题。越来越多的雇主间的交流开始由面对面转移到电子化的方式，由于管理者同开展工作的员工所处的实际位置变得越来越远，对于提问过程的理解变得愈发关键。

在深入探讨之前，让我们先对两个名词做一下定义。刚才描述到的基本名词中，包括"在听（hearing）"和"倾听（listening）"两个基本概念。尽管在前面的例子当中，助理"误听"了管理者没有直接表达的意思（我们也不清楚到底会计师事务所的经理是真的打算要炒掉这位员工，还是助理患上了妄想症），可能算是一种"添油加醋"的倾听，但是他的表现可以归到"倾听"这一类，本质上和"倾听"是一样的。

※ **在听**，是指你的身体（你的耳朵）在对声音作出生理性的反应。不管你有没有在理解其中的意思，起码你的耳朵感受到了声音的存在。你"在听"时，可能是完全主动地听（例如在观看演唱会时），也可能是被动地听（听者没有把焦点关注在声音内容上），还有可能是上述两种情况的混合。在不"倾听"的情况下完全可以只是"在听"，在很多优秀的咨询类书籍上，也会有相关的主题。

※ **倾听**，是对你听到的声音进行下意识的识别。它是主动的行为，是一种技能。倾听者的目的，就是理解对方在说什么，其中的含义是什么，然后如果能找到合适的答案再作答。

对于管理者来说，二者的区别在于，"在听"是要求你接收到对方的话语（老爸你有没有在听啊），而"倾听"，是将你的管理技能和理解技能应用到所听见的内容上（我在听啊，我听到你说你见到了一个美丽的彩虹，离你那么近，你都快要够到它了，因此耽误了练琴的时间）。

我们听见（在听）和听懂（倾听）都是非常自然的行为，我觉得没有必要在本书中向大家解释怎么做这些事。我们在这儿所做的，仅仅是为管理者指出一些可以避免的沟通陷阱，帮助他们了解一些倾听技巧和策略，增加提问成功的概率。毕竟即使在能够问出很多好问题的人中间，也同时存在着不会倾听的反面典型。

你可以找到很多关于倾听的书籍，它们的作者来自心理学家、牧师、教师以及音乐家。我在此不会再详述他们那些有益的建议了。他们一般会表达三种基本的信息：一是倾听提高沟通效果；二是倾听让你有机会欣赏到各种细节，如音乐；三是倾听是学习的方式，它能帮助你在某一领域迅速成长起来。还有一些有意思的学术文献对倾听也有不少研究，例如认为倾听也是一种技能，可以通过系统学习来掌握，以及从医学生理机制的角度去研究理解倾听的行为。学术研究可以持续增加我们对于倾听技能的理解，但是，对于我们自身而言，应该具体为之做出哪些努力呢？

> 人们听见的，并不总是你想要表达的。确定他们是否已经听懂了你的问题，唯一的方法就是倾听他们对你提问的回答。

你应该将倾听看作提问的另一部分内容，以此为基础，面对回答时你要考虑四类问题。

※ 别人听见你说话了吗？

※ 他们听懂你说的了吗？

※ 你能否倾听自己内心的声音？

※ 你如何来辨别别人是否已经理解了你的意思？

83. 倾听的目的是什么

我认识的一位企业经理卡尔，在同员工进行交流时，基本上都会使用语音邮件，特别是在大多数员工不方便接听电话或者总是错过接听电话的时候。

我：卡尔，为什么你总喜欢用语音邮件？

卡尔：我对回答的即时性要求不是很高，我只想要最好的那个答案。

我：那为什么不发短信呢？

卡尔：我觉得还是语音更适合。在获得答案之外，我能通过语音了解到对方的很多信息。比如他们的心情怎么样？我也能通过声音感受到对方的压力或者反感情绪。毕竟我需要对我的手下负责，没他们，也没我现在的事业。

卡尔是我见过的最愿意主动去"听"的管理者，他愿意用所能运用的方式，去感受每个词当中表达的东西。尽管他的问题常会忽略掉一些细节，但是他显然对于回答的方方面面更感兴趣，而不仅仅是答案本身。不过在"倾听"的同时，他偶尔也喜欢只是"听见"答案。这是他"听"时的一个特点。

有时候，太过依赖于"听见"，而没有对内容进行足够的"倾听"，容易导致一个不良的后果，那就是我们会倾向于听到我们想听的东西。对于不想听的，很可能就得过且过了。

卡尔有时就会由于选择性地听取别人对他的汇报内容，错过了那些真正应该关注的事情。因此当他在分销经理的语气中听出了一些麻烦事时，他几乎与此同时产生了一种抵触心理，让他无法专心地探究到底其中发生了什么问题。我从没问过他的抵触心理源自何处，可能是因为他不想给自己增添麻烦，也可能是虽然知道发生了什么，但是本能地拒绝深究。无论是出于什么原因，因为没有运用好提问工具，没有最优化地利用自己的倾听技巧，他错过了解决一个严重问题的绝佳机会。

卡尔最信任的下属——一位分销经理，"转移"了一批货物，折合成一笔巨款，用于填补自己收入的不足。如果卡尔在苗头初生的时候，能使用一些追问策略尽早地深究，也许这个家伙就能知难而退，在审计部门查出

> 如果决定要"倾听"，那么确保自己已经"听见"了所有的信息。

贪污行为之前及时弥补自己的过失了。但最终，这位经理断送了自己多年的事业。

避免变成低效"惯性倾听者"的一个方法，可以参考 2001 年美国有线电视新闻网（CNN）报道的一则头条新闻：

"监测秘密核试验，却听到了巨型流星。"[①]

世界的各个角落，都广泛分布着运营超过数十年的监听站。站内设置监听设备，用来监听某一方面的声音现象。人们用这种方式，过滤其他杂音，以及与监听目的不相关的声音。在这个报道中，科学家们正在监听秘密爆炸的核设施，却碰巧监测到了坠入大气层的流星发出的声音，使得他们出乎意料地在更为专业的机构之前，将大型流星雨现象报告了出来。

---

① 人耳无法识别出低频次声波，例如流星撞击大气层时发出的声音，或者核武器在秘密地点爆炸时发出的声音。情报部门可以通过一些手段，探测到很多类似的声波信息，但除非这些"噪音"被大众感知，否则他们一般很少公开这些信息。让人好奇的是，不知道他们还有没有听到什么其他的声音。

你的提问带来了答案，在倾听答案的同时，你很有可能从中获得提问内容之外的信息，这些信息没准恰恰是关键所在。就像前面的案例中，卡尔忽视了"流星的声音"，他在同经理讨论销售额减少的现状时，懒得去思考经理恍惚的眼神和紧张的言谈举止，从而也对产品的库存问题失去了警惕。

84. 避免倾听失误

伴随着日益增加的职责、排得越来越满的行程，以及各种各样的承诺，我们注定要犯下越来越多有关倾听的错误。其中大部分失误，假如我们意识得到，都能够很容易避免。下面的列表中所提及的，是我们常犯的倾听错误中较为严重的一些。

※ **插话。**在回答者还没能对问题充分表达意见的时候就打断他。

※ **无视答案。**你辛辛苦苦提出一个问题，看起来仅仅是为了听自己说话而已，而不是为了抓住答案中的内容要点。

※ **表现出散漫的神态。**在你发起的一场访谈途中，注意力自己打包，出去旅行了一番。

※ **踱步离开。**虽然难以置信，但是我曾见过有位经理问完问题之后，在对方正回答的时候，慢慢走远了。

※ **反复重述问题。**你的思维逻辑一定是完全坏掉了，不然为什么要在别人回答的过程中一遍又一遍地唠叨自己的问题呢？

※ **误读答案。**因为回答者同意回答你提出的问题，就想当然地认为他一定在某种程度上认同你的观点。

上述 6 种倾听失误，可以划归为两类：一类是常识性失误，另一类是礼节性失误。不管对方处于什么地位，对其给予的回答，你都理应专注地去听，这是一种常识，也是一种尊重。对于那些脑袋里装了很多事、很容易分心的人来说，要做到倾听就需要下意识地集中注意力。但对于大多数管理者来说，更专注一些就已经够了。

我发现，管理者有时不能专注于答案的一个原因是，他们总是忙于为下面的提问做准备，思考接下来该说些什么。看起来没什么大碍，但是如果持续地忽略回答者表达的内容和表达的方式，回答者就会开始无视问题了。

在一个驻华的美国公司分部办公室，一位经理很用心地把办公室的标识都加上了中文拼音，这样能够鼓励员工之间使用汉语，而不是英语进行交流。这位经理的美国老板有一次来到办公室参观，问她为增进美国员工和中国员工的交流做了哪些工作。于是她将这些新更换的标识介绍给了她的老板。过了一会儿，老板把整个办公室逛了个遍，然后对着经理来了句："这些标识是干什么用的啊？"

这位老板今天可能身体十分不舒服，也许他的口腔溃疡越来越严重了，也许他刚刚经历了一场重感冒……但无论如何，他都没能好好地倾听回答，那些对他的提问的回答。他只是有意无意地问了一句，然后又继续关心自己的事情去了，因为他可能并没有意识到，这位经理为了增进员工交流，做了很多创造性的工作。这位老板的表现实在是有点糟糕，这很有可能变成下属们的一个笑柄。然而依我看来，比起表面上对员工回答的无视，这位老板在尊重和礼节上犯的错误，则显得更加难以让人原谅。

在员工回答问题时，管理者随意地打断他们也是对员工和他本人的极度不尊重。这样的行为，不仅让正在回答的人感受到了羞辱，也会给在场的人士留下非常不好的印象。许多事业成功的管理者都渐渐染上了这种行事习惯。

我见过类似首席执行官之类的高层领导，在人们表达的中途突然插话讲个不停。但当别人反过来用这种方式对待他的时候，他却一点也不能忍。

没等人回答完就直接走人的做法，同样也无法让人理解。我仅仅遭遇过一次这样的情况，我之后把这理解成一位怪才由于患有注意力缺陷或者其他精神症状，所以才做出这种让人失语的行为。现在想起来，这种态度还是会让回答者相当地寒心。

可能你已经记不清自己问过什么了，但是人们会记得你是否在好好地听。

关于迟钝无礼的管理者行为，最后一个案例是关于一位人力资源总监的。她在面试一位很有发展前途的雇员时，一直在摆弄自己的公文包。这位雇员最后没有接受这家企业的聘任邀请，很难说跟人力资源总监倾听时表现的态度没有关系。

第九章

结语

85. 苏格拉底罪该当罚吗

苏格拉底的那一套深入探究提问的方法[1]，可以系统地帮助你锻炼批判性思维。苏格拉底生于公元前 469 年，卒于公元前 399 年，他在一生之中借用了各种各样的问题来提升回答者的能力，使得他们能够获得在其他方式中无法得到的学习体验。后来，这种方法逐渐演变成了教育工作中常用的启发式教学方法。

如果你知道阿努图斯（Anytus）是谁，那么先恭喜你。如果你还能说出麦勒图斯（Meletus）和卢孔（Lycon）是谁，那么请你给自己多戴几朵小红花吧！这三个家伙，就是当年指控苏格拉底、把他送上审判法庭的人。是他们直接

---

[1] 这种提问方法，旨在让问题作为调查意见、拓展思路、激发争论的重要工具。柏拉图（Plato）在他的著作中，将苏格拉底定位为一个"好奇的提问家"。维基百科（Wikipedia）上有关于这些信息的词条。还有一本非常好的书籍——《苏格拉底的审判》（*Trial of Socrates*），作者斯通（I. F. Stone）详细地描述了苏格拉底对他的追随者不知疲倦的提问，并提到了他对道德、灵魂的伟大批判。另外，柏拉图也写了很多记录这位良师谈话的著作。

导致了这位 71 岁高龄的智者结束了生命，这其中的原因是：他们将苏格拉底看作一个重大的威胁。为什么呢？恰恰就是因为苏格拉底不留情面的提问！这三个年轻人的心里都装着答案，但他们永远不允许别人把问题问出来。

苏格拉底被指控的一个原因是，他的思想在毒害希腊的年轻人。所以，他被逼以饮毒的方式自尽。他的主张从另一方面反映了其他长辈对待青年人是何等的愚蠢和蒙昧。苏格拉底的问题、他的提问方式，还有他的提问态度，处处都在对愚昧的人加以讽刺，特别是他讨厌的"下等人群"（在他临死之前，这些人几乎就意味着是所有人了）。苏格拉底的区区一个问题，能让人们感到羞耻，感到残酷。因为敢于质疑，他最终成为众矢之的。

苏格拉底经常通过逻辑清晰的批判性问题，对人们发起各种挑战。他深究，不断地追问，直到他面对的对象不得不举手投降。而这一切都不是发生在苏格拉底的威逼利诱之下，他所做的，仅仅是使用自己的方法，一步一步向人们展示他们所持的观点是多么地愚蠢。

这三个家伙——阿努图斯、麦勒图斯和卢孔，他们都认为自己已经掌握了所有答案（就像苏格拉底掌握了所有问题一样），他们坚信，如果少了这样严酷的问题，生活一定会更加美好。但是结果又是如何呢？看看我们周围吧。现在谁还会觉得宙斯仍然在统治世界呢？你还能通过祭祀鸡鸭，来解决你和别人的债务纠纷吗？

苏格拉底提出的问题，其实是一套谁也逃不掉的测验题。他的愿望是让身处各个知识阶层、权力等级、权威秩序下的所有人都明白，无论他们已经掌握了多少东西，他们仍然是无知的，不可能做到全能。对于任何组织中的人来说，迅速认识到自己的无知，才能获得最大的利益。

否则，苏格拉底可能就会发话了："没通过我的测验，这让你变得更无知了。"

"苏格拉底"式管理者

"苏格拉底"式管理者，会将提问的过程从针对已知的事情，逐渐转向针对未知的事情，从而使质询不断向更深层的领域进发。具体而言，这种方法是基于你对市场、项目、销售、经营、售后服务以及企业整体的理解，然后探寻并建立起更完备的知识体系。

"苏格拉底"式的管理方式，以"苏格拉底"式的一贯追问作风为基础，从专业地做一名"无知者"开始管理工作。如果苏格拉底是一位老板，那么他在参加公司会议的时候，就会专注于在那些仍不清晰的话题中进行深究。然后，他不会像其他管理者那样，逮着机会就炫耀自己的智慧，更不会让其他与会者感到自惭形秽、备受打击，苏格拉底的做法是，诚实地显露他的无知，给予其他人更多的表达机会。这种"无知"的管理方式，从根本上说，也同他的提问方式保持了内在的一致。

"苏格拉底"们的使命，就是让人们丢掉对知识掌控能力的不切实幻想——你永远不可能对所有的事情都做到了如指掌，即便是在你最擅长的领域，还是会有很多你不了解的东西。

管理者：骏马的驾驭者

人类要对一匹马负责，就要学会在没有足够知识储备的前提下，对它进行最好的驾驭。

——苏格拉底

在一种情境中得到的管理经验，放到另一种情境中，没准就不适用了，尤其对于刚刚更新工作内容的管理者来说，以前有用的经验知识，也许只能支撑工作内容的一部分。

不过如果换一种思路考虑问题，就知道上面的顾虑是没有必要的：假设你有一匹马，但对这匹马的习性并没有足够的了解。因此，你的首要任务是通过设问对这匹马进行更多地了解。这么做，比其他的盲目行动要有效得多。你得到了一匹爱马吗？那么先从头到尾地对它进行探究，了解它与众不同的个性吧！

不管什么时候进行提问，苏格拉底都会要求回答者真诚坦率。"我问你什么，你尽管回答，不要有顾虑。"这也是在企业中很多人期待的状态，虽然实际情况总是会变成另一个样子。

例如，在员工的项目总结会上，"苏格拉底"式的管理者会将整个过程看作提问和质询的好机会，而不单单把这当成一次讨论会。我常常发现一些企业中的领导或者高层管理者，面对呈到眼前的各种报告文书，不愿意对其中的细节提出一点点深入的问题，只会快速浏览到结论的部分，比如说"财务预测"部分，然后仅对这个结论发表自己的意见，好像财务预测的目标是个已经完成的数字一样。

智慧的悖论：什么样的管理者才最具智慧

唯有认识到自身的局限，才有机会成为真正的智者。

——苏格拉底

虽然"苏格拉底"式的工作目的在于寻找无知，但泰勒[①] 的管理理念则建立在已知的基础上。无论哪一种理念，都要通过不懈的提问来推进工作。是不断提问推动人们变得更具智慧，而不是知识本身。

下面的对话，发生在苏格拉底和欧西德莫斯（Euthydemus）两人之间，

---

① 泰勒，即弗里德里克·泰勒，本书前面部分曾提到过他基于铁锹实验，建立了现代管理科学理论。

记录在柏拉图（Plato）的著作里。

> **苏格拉底**：请告诉我，你认为一名智者是凭借他所知道的东西而变得更智慧，还是因为凭借他所不知道的东西而变得更智慧？
>
> **欧西德莫斯**：很明显，智者之所以充满智慧，是因为他们知道很多东西。怎么可能会有人凭借不知道的东西而变得更智慧呢？
>
> **苏格拉底**：那么，他们充满智慧是因为他们已经掌握的知识吗？
>
> **欧西德莫斯**：还能有什么别的原因能让人更有智慧呢？
>
> **苏格拉底**：除了知识能够使人更智慧，还有什么其他方式吗？
>
> **欧西德莫斯**：我想不出了。
>
> **苏格拉底**：所以，智慧就是知识。
>
> **欧西德莫斯**：我觉得可以这么说。
>
> **苏格拉底**：你认为一个人有没有可能掌握所有的知识？
>
> **欧西德莫斯**：不可能，绝对的。
>
> **苏格拉底**：那么，因为不能掌握所有的知识，在人类当中就不可能存在智者了？
>
> **欧西德莫斯**：对，当然是这样。
>
> **苏格拉底**：这么说，只有懂得足够多的知识，才有可能变成智者。
>
> **欧西德莫斯**：（目前）我大致上同意这个结论。

苏格拉底通过这个对话，向欧西德莫斯证明了，我们所有人都不够资格被称为"智者"。但是如果能将目光焦点放到我们所不知道的地方，我们可以看到，还是有很多人充满智慧的。苏格拉底的逻辑，让我们相信拥有疑惑的人同样也是智慧的，因为没有人能掌握所有的答案，但是我们都有可能掌握所有的问题。

对于同样的事情（或知识），如果我们知道如何利用它们，它们就是我们的财富；如果不能，它们就什么都不是。

——苏格拉底[1]

要想利用好你的财富，就请更加关注你可以问的问题。

86. 结语和最后的建议

我的基本观点是，提出问题是每一名管理者需要习得的技能。对于有些人来说，这种技能几乎是与生俱来的，做出好的提问对他们来说不是很难，但即便是这一类人，也需要尝试提升或完善技能。其余的人，就更需要在提问上面下功夫了。

我曾参加过一家大型跨国企业举办的高层会议。会议主题是讨论公司最近在某一领域的严重困境。所有人都陆续表示对相关信息缺乏系统了解，这引起了大家的担忧。随着会议讨论的继续进行，他们达成了一个一致结论——公司现在急需聘请一个咨询团队，来找到导致困境的原因。

"你们说什么？"

"见鬼！我们面前本来就有我们所需的答案！"

这次在会议室故意唱反调的可不是我了，而是一位资历很深的领导，或

---

[1] 苏格拉底的追随者克里托布罗斯（Critobulus）会接着说一句："除非他们能把这些知识卖掉。"正如他们在《地产管理者》（*the Estate Manager*，流传下来的《苏格拉底对话》中的一个专门章节，这一章对土地和经济话题进行了论述，译者注）中的对话一样。

者说是一位"正在远离权力中心"的人，他很快就要领取全额养老金光荣退休了。所以他不怕什么，敢于讲出他的任何意见，只要合法、合道德，也没有人有权利阻止他提出异议。

他接着说道："我们其实都能找到答案。我们公司在全世界雇用了数以万计的员工，在我们业务的各个环节，都有相应的员工负责，所以我们对每个细节都了如指掌。那么我们的困境是由什么原因造成的呢？各位能否问问你们自己？让我们自我剖析、提出问题，我想我们可以迅速找到想要的答案。"

只需提问。这就是本书最简单的结论。只需提问！

当然，你还需要知道到底问什么、怎么问出来、向谁发问、在什么情境下发问，等等。"为答而问"的问题，到头来也只能得到"为答而答"的答案。你需要的答案，应当是有助于企业发展、困境突围、创意迸发的那些答案。

要将这个简单的结论应用到管理实践中去，我建议遵循以下几点小小的建议。

1. 在任何情境中，都要思考你还不知道什么。

2. 平等对待你所有的对话者。也许他们的职位没你高、地位没你显赫，但人家知道你不懂的知识，甚至是某方面的专家。你需要他们。

3. 做你自己。不要照搬本书里或其他途径学到的提问风格，也不用硬提问题。你就是你，如果某种问题类型或风格不适合你，就换一种适合的。

4. 永远对回答者的回答抱有感恩之心。即使提问过程充满了争议、问题的选择异常艰难，也要这么做。这不仅会让你成为一名拥有技巧的质问者，而且能让你逐渐成为一名真正的领导者——有威信、受爱戴的管理者。

在年度报告的附录当中，不会有注释提醒读者：管理者们已提出了好问题，因此报告中的答案都是最好的，企业业绩也因此得到提高。没准人们都记不清到底是谁问的问题了。但是久而久之，当各个级别的管理者坚持不懈地善用更多好的问题，做出更多深入的追问，企业业绩一定会越来越好。

> 所有的企业都是由人组成的经营组织。你可以一整天在搜索引擎里输入各种疑问，但机器永远比不上人的思维力量。你用来发展企业的所有答案都在那儿了，在所有员工的头脑中。就差你来提问了。

尾声

你还在这儿吗

所以，在险恶的商业世界里，我最终从第一年的惩罚当中生存下来了吗？是的！

经过了将近一年每天都做空中飞人的忙忙碌碌，我回到了总部办公室，并得到了一个更好的职位。我打飞的的个人纪录是，在8天当中飞了22次（包括很多短途飞行，而且在每次飞行前，都要忍受度日如年的严格的机场安检）。终于结束那筋疲力尽的一周回到家时，我坐在椅子的一边，倚在厨房的角落里……然后醒过来的时候，已经是9个小时以后了。

是时候做出改变了。

于是我走到经理的办公室，准备发出自己的"最后通牒"：要么重新任命我，要么就让我成为历史吧，此处不留爷，自有留爷处！旅行的机会让我看到了很多市场机遇，所以我明白，即使这个公司不再对我感兴趣了，在其他地方，我照样还是有价值的！但事实证明，我根本没必要提起这个话题。

经理热情地欢迎了我，仿佛我是凯旋的战斗英雄一样，然后，没等我开口，他就主动为我提供了一个新的职位，让我得到了不错的晋升。这让我觉得非常自豪。啊，我是不是仍然很幼稚呢。

当时，我想当然地以为，他们提拔我是由于我工作上的杰出成绩——是那些上司们最终看到了我为工作所做的一切吧！也许他们原谅了一开始我冒险做出的那些事了（冒犯地说实话）。我脑中的这些想象是不是错了呢？当然错了。

我得到晋升的真正原因，是几个月以后，我在赶赴一场商务会议的途中听到的。当时我和一位高级副总裁坐在车上，他聊起了我升职的这件事。

我所不知道的事实是这样的，有一个很重要的客户，那是我们在加州最大的客户，她给我的首席执行官写信，赞美了我一番，并抬举我说，如果没有我的认可，她绝不会买任何产品。她这么说的原因在于，有次我去拜访她为他们检查产品质量问题时，建议她处理掉仓库所有的产品，因为大多数都有损坏。然后，我立刻叫工厂的人把新的货物运了过去。

顾客的感谢信，才是我成功的原因啊。仅此而已。也就是说，晋升确实是我努力工作的结果，但主要还是因为客户给予了很高的评价。我原来的那些上司们跟这件事没什么关系。他告诉我，那些上司确实挺讨厌我的，我可能永远都不能再得到他们的支持了。

他看得出来我有些沮丧。但他继续向我解释道，我曾经做的那些有点冒犯的举动，是在划一条界线，而我站在其中一边——充分考虑公司的最大化利益。即使冒着被解雇的风险，我也拒绝去另一边。这让核心管理层印象深刻，然后，我被提名"公司可晋升人选"。这并不能保证我以后一定会成功，但它让我对公司产生了积极的看法。

我本来很有可能在团队放弃我以后，在独自走向门外时慢慢丢掉自己的信心，然而，我带着客户对我的信心杀回来了，客户在任何企业里都是最宝贵的资源。

　　我的新职位是参与一个新项目。这次的不同之处在于，项目仍处在产品开发初期，我并不是到最后阶段才进来。这样可以给我了解整个产品研发线的机会。我很兴奋。

　　产品经理第二天早晨召集了一个会议。走进会议室时，我听到了一个熟悉的声音，这个声音我已经将近一年没有听到了。

　　"你还在这儿吗？我记得我让你走了。"制造总监轻蔑地说着，他的视线甚至都没离开他的咖啡。

　　没有说一个字，我知趣地转身离开了这个房间。但是我还是没有辞职……只不过这次职位任命，算是泡汤了。

"提问"这项观赏性活动——
去哪儿学习和观摩

现今的新闻脱口秀节目仍然十分流行，很多由名人或各路达人参赛的游戏竞赛类节目，也需要通过回答问题的方式赢得奖金，这种潮流在电视上热度不减。我们被动地接受和参与各种类型的电视节目，观看采访、新闻访谈、庭审直播、运动解说……以及各种其他涉及谈话的活动，我们面临的选择太多了，经常会为该关注哪一个而犯难。

电视节目给了我们一个直接向专业提问者、质询者、审问者学习的机会。我们可以观摩他们对于提问策略的使用，他们如何构思问题，以及他们应用这些策略的具体方法。通过电视画面，我们还能观察他们的肢体语言和面部表情，将其同提问的语气结合起来加以思考。

在调查类栏目或故事访谈类栏目中，人们会进行采访或设置问题，这相当于给了我们一个在案例中学习提问的方式。为保证足够的收视率，满足赞助商的需求，这些节目一般都非常精彩。其中有一部分几乎可以作为管理者参考的经典案例。

节目主持人睿智机敏的提问方式，给我们提供了一个绝对优秀的自学模板。可以说，电视节目是我们学习和观摩提问、拓展自身思维能力的绝佳途径。

从美国的电视节目当中，我们应该如何挑选对自己有用的？如何通过观赏脱口秀节目，提升自己的提问技能？

在评价分析专业提问者的时候，你可以使用下面4条筛选标准：

1. 使用缜密而有条理的提问法则；

2. 在每次讨论中都应用多样的问题类型；

3. 不生搬硬套脚本上的提问策略（他们可能是按脚本来问的，但整个过程自然顺畅，路径清晰）；

4. 他们会非常关注讨论中暴露的"致命缺陷"。

下面的表格列出了我个人选择的"最佳提问者人选"，他们都是最近我在电视上看到的拥有出色提问技巧的人。我按照上述的4条标准，构建了下面这张表，但这不意味着没有列出的人就不够好，肯定还会有更多更加出色的人选。还必须指出的是，表中列出的这些人，他们意欲展示或表达的风格、意图、观点不一定符合我的口味，但是，在我眼里，他们都掌握了非常优秀的提问艺术。

表中的每一个人都风格迥异、特色鲜明，但有一个共同的特点，那就是：他们都是运用问题工具的专家。他们不会拘泥于某一种类型的提问，或习惯于使用一种特定的提问路径。他们的工作，就是得到答案，展现故事脉络，或从其他人其他事当中获取有意思的东西。在这一点上，他们跟管理者面临的情况有很多相似之处。

最佳提问者	关键特征
芭芭拉·沃尔特斯（Barbara Walters）	直接、开放式和封闭式的提问策略
特德·科佩尔（Ted Koppel）	直接、追问以及多种策略的综合
格莱塔·范·苏斯泰瑞（Greta Van Susteren）	重新定向和深究
大卫·莱特曼（David Letterman）	问题组合、表情、肢体语言

（续）

最佳提问者	关键特征
布莱恩特·冈贝尔（Bryant Gumbel）	有强烈的目的性、关注焦点、不会错过提问机会
杰拉尔多·瑞弗拉（Geraldo Rivera）	双重直接问题、善于运用封闭式问题
鲍伯·科斯塔斯（Bob Costas）	将开放式问题运用得和封闭式问题一样好，关注事件本身
杰瑞·宋飞（Jerry Seinfeld）	揭露大众思维的批判性问题
乔恩·斯图尔特（Jon Stewart）	苏格拉底式提问

列表中，有一位最佳提问者是喜剧演员杰瑞·宋飞。很多喜剧演员妙语连珠的幽默，都是以提出问题作为基础的。为什么这样说呢？因为这些问题能让观众参与进来，思考问题的答案，而喜剧演员这时当然会给出出其不意的回答，达到让人捧腹的效果。换句话说，你需要针对问题作出回答，这样才能产生幽默。你可能认为喜剧演员仅仅是站在观众面前，用几个笑话逗逗大家，但实际上，他们是在演绎问题与回答的玄妙。我觉得杰瑞·宋飞在这一点上比很多管理者做得要好。不过这只是我的个人看法。

许多其他的专业提问者，同样也非常优秀，值得各位管理者去学习，不过他们大多善于应用的提问技巧比较有限，有些只长于其中一种方式。他们都是以某种提问方式而知名的人物，对于管理者来说，考虑在何时何地让他们的这些技巧得到运用，是富于建设性和挑战性的。我并不提倡生硬地模仿他们的风格，而是希望大家结合对这些策略和技巧的认识，理解和掌握它们的实质。

提问者	问题和策略
艾尔·弗兰肯（Al Franken）	问题以评论形式出现，既可以是开放的又可以是封闭的
比尔·奥雷利（Bill O'Reilley）	诱导性问题，善于质疑和挑战
肖恩·汉尼提（Sean Hannity）	直接的消极问题，以及嵌套的消极问题
拉里·金（Larry King）	间接问题，并在公开场合营造随意的气氛
拉里·凯恩（Larry Kane）	费城新闻界的权威人物，完全聚焦于回答

还有很多其他人物，能够将提问作为一门艺术和一门科学，把每个问题展现得淋漓尽致。各地的地方媒体当中，同样存在很多优秀的提问者，可以为希望观摩提问方式的人提供借鉴。

> 无需答案，只需提问，
> 问题之后，一切尽展。
> 你可以是自己的苏格拉底，
> 用心追寻，全力以赴。

好书推荐

基本信息

书名：《演讲圣经：一本书爱上演讲（第5版）》

作者：[美] 保罗·纳尔逊 (Paul E. Nelson)

　　　[美] 斯科特·蒂茨沃思 (Scott Titsworth)

　　　[美] 朱迪·皮尔逊 (Judy Pearson)

定价：69.00 元

书号：978 - 7 - 115 - 41212 - 6

出版社：人民邮电出版社

出版日期：2016 年 1 月

推荐理由

★ 中国传媒大学媒介与公共事务研究院院长董关鹏操刀翻译并且倾情推荐

★ 英文原书高居亚马逊演讲类畅销书榜首

★ 生动活泼的全彩演讲"杂志书"，全彩印刷，装帧精美

翻开本书，你将学到：

(1) 如何提高演讲的可信度；

(2) 如何针对不同文化背景的受众准备演讲；

(3) 怎样从别人的演讲中受益；

(4) 怎样克服演讲焦虑症；

(5) 一次成功的演讲应该做好哪些准备；

(6) 具备哪些技巧就可以让演讲事半功倍；

(7) 如何在演讲中有效利用各种辅助资源；

(8) 怎样合作才能做好团队演讲。

你可能做不到一场演讲，震撼百年；但你可以让演讲直抵人心，震撼灵魂！

媒体评论：

现在，中国的企业在很多国家都前所未有地遭遇了一个关于中国和中国人的"话语权危机"。真实的"我们"，与全世界人民心中的"我们"好像并不完全一致。是我们不会说吗？我们曾经不想说，但是现在不得不说！但是如何把我们的故事、我们的想法"说"到全世界每个人的心坎里？这也正是我们非常看重这本书的原因。这本来自当今世界最会"说"的美国，并被奉为经典的专门介绍演讲技巧的实用书，既阐明了现代社会中重视表达与沟通、"言"与"行"并重的必要性，也提供了很多行之有效的"说"的方法和技巧，教会我们这些谦逊且一贯秉承"讷言敏行"的人们，到底该如何"说"。

——中国传媒大学媒介与公共事务研究院院长　董关鹏

从如何分析听众到撰写整理演讲内容、再到现场发表演说，本书将一次演讲所能涉及的所有环节，其中应遵循哪些原则，可以适用怎样的方法、技巧，以及具体注意事项等都——说得清楚详细，堪称一本经典的工具书、详尽的说明书，可以随时查阅并配合具体需求与工作实践结合起来。推荐给广大读者阅读。

——中国传媒大学媒介与公共事务研究院品牌与话语权实验室主任　鲁心茵

编辑电话：010-81055660　　读者热线：010-81055656　81055657